OLYMPIA 1908–1983
CHRONIK EINER FASNACHTSGESELLSCHAFT

OLYMPIA 1908-1983

CHRONIK
EINER
FASNACHTS-
GESELLSCHAFT

BIRKHÄUSER VERLAG BASEL

Umschlag
1983
Sujet ‹E jeede will dr Keenig sy›
Laternenentwurf Roland Gazotti

Titelseite
Olymperstandarte, Seide, gestickt
mit Baselstab nach Hieronymus Hess

Buchgestaltung: Albert Gomm swb / asg
Lithos: Piacag, Basel
Satz und Druck: Birkhäuser AG
Graphisches Unternehmen, Basel
Einband: Buchbinderei Flügel, Basel

ISBN 3-7643-1385-4

INHALTSVERZEICHNIS

örgelimaa

1950
Sujet ‹'s Gschyss
ums Goethe-Johr›
Vortrab-Entwurf
Max Sulzbachner

6

75 JAHRE OLYMPIA

Am Fasnachtsmontag, den 9. März 1908 wurde die Olympia gegründet. Oder genauer: Seit diesem Datum besteht die Olympia manchen Stürmen zum Trotz ununterbrochen, nachdem es bereits in den Siebziger-Jahren des letzten Jahrhunderts eine Olympia gegeben hatte, welche jedoch um die Jahrhundertwende wieder von der Fasnachtsbildfläche verschwand.

Mit ihren 75 Jahren zählt die Olympia zu den älteren und gesetzteren Damen im Kreise der Fasnachtscliquen. Sie blickt auf eine reiche Lebenserfahrung zurück, hat sie doch beide Weltkriege und einen enormen gesellschaftlichen Wandel miterlebt — und überlebt. Im Jahre 1908 sah die Welt anders aus. Alte Schilderungen und Fotografien vermitteln uns eine vage Vorstellung, wie sich Basel vor 75 Jahren den Gründern der Olympia präsentiert haben mag: In der weitgehend noch intakten Innerstadt verkehrten keine oder nur vereinzelte Autos, dafür zirkulierten Fuhrwerke polternd durch Strassen und Gassen …
Da ist es nicht erstaunlich, dass die ‹National-Zeitung› im Sonntagsblatt vom 8. März 1908 zu berichten wusste, dass «ein des Fahrens unkundiger Junge am Rheinweg eine Frau mit einem Einspännerfuhrwerk überfuhr». In diese Welt passt auch die folgende Meldung in den ‹Basler Nachrichten und Intelligenzblatt der Stadt Basel› vom 10. Februar 1908: «Während der Nacht vom Freitag zum Samstag stieg jemand in eine Liegenschaft an der Riehenstrasse ein und eignete sich aus dem Hühnerstall vier Hühner an.»

Dass sich auch die Fasnacht während der vergangenen 75 Jahre in starkem Masse verändert hat, zeigt sich schon an der Zahl der Aktiven: Ein Tag vor dem Morgestraich 1908 waren beim Comité neben sechs Musiken, sieben(!) Wagen und zehn ‹Knabenzügen› nur sechs ‹Züge von Erwachsenen› gemeldet, nämlich der Barbara-Club, die Basilisca, die Gambrinus-Gesellschaft, die Lälli-Clique, der Pump-Club und die Vereinigten Kleinbasler. Immerhin liess das ‹Fastnachts-Komitee des Quodlibet und des Wurzengraber-Kämmerli› die aktiven Fasnächtler am Tag vor dem Morgestraich noch wissen, dass jedes ‹Komitee-Mitglied an der Fastnacht weitere Anmeldungen auf Subvention Anspruch erhebender Gesellschaften› entgegennehmen würde.

So erfrischend unkompliziert und überblickbar war die ‹Fastnacht› damals. Es herrschten Zustände, von denen man heute nur träumen kann. Und dennoch klingt manches aus der damaligen Zeit fremd — beinahe unvorstellbar, wenn wir an die Fasnachtsberichterstattung in den Zeitungen denken: «Die Ouverture zur Basler Fastnacht 1908 ist schon verklungen. Der Morgenstreich liegt bereits hinter uns: Prinz Karneval hat seinen Einzug gehalten, und Narrheit ist nunmehr drei Tage Trumpf …» (‹National-Zeitung› vom 10. März 1908).

Auch wenn 75 Jahre als lange, sehr lange Zeit erscheinen mögen, auch wenn der Wandel als gross empfunden wird, ist das vergangene Dreivierteljahrhundert doch noch irgendwie zu überblicken: Ältere Olymper haben das zweite Jahrzehnt der Olympia bewusst miterlebt und können aus jener Zeit vieles berichten oder wissen von ihren Vätern über die Gründungszeit Bescheid. Das 75jährige Jubiläum ist somit beinahe die letzte Gelegenheit, die Geschichte der Olympia niederzuschreiben. Der Chronist musste sich nicht ausschliesslich auf trockene Protokolle und auf das Studium verstaubter Akten verlassen, sondern konnte auch auf zahlreiche mündliche Berichte aus den heroischen früheren Zeiten zurückgreifen.

Wenn nun die Olympia aus Anlass ihres 75. Geburtstages die Gelegenheit wahrnimmt, ihre Chronik in Buchform herauszugeben, geschieht dies keineswegs in der unbescheidenen Annahme, ihre Geschichte sei von allgemeinem Interesse oder zeichne sich durch Besonderheit aus. Diese Chronik soll vielmehr in erster Linie allen Olympern, den aktiven und passiven, den heutigen und zukünftigen, teils ernsthaft, teils mit der notwendigen Selbstironie, viel Heiteres, Wissenswertes und Schönes über ihre Clique vermitteln. Da aber die Geschichte der Olympia ebensogut die Geschichte irgendeiner Fasnachtsgesellschaft sein könnte, vermag dieses Buch vielleicht auch anderen Baslern und Fasnächtlern ein Schmunzeln zu entlocken. Gelingt dies, hat die vorliegende Chronik einen durchaus erwünschten Nebenzweck erreicht. In diesem Sinne sei dieses Buch all denjenigen gewidmet, welche die Fasnacht — und vielleicht auch sich selbst — nicht allzu ernst nehmen.

Alex Fischer

1910
Sujet ‹Bajazzo-Zug›
Laterne
Vorderseite (oben)
und Rückseite (unten)
Carl Roschet

GRÜNDUNG UND ANFÄNGE

Der 9. März 1908

Gegründet wurde die Olympia am Fasnachtsmontag 1908, am 9. März. Es war ein klarer, kalter Morgen, an dem die blasse Vorfrühlingssonne nicht aufkam gegen die bissige Bise, die über den Rhein fegte (villicht het s aber au lauwarm gschifft — so gnau waiss me das nimme). Nach dem Morgestraich sassen die würdigen Herren Hans A. Suter, Oscar Ziegler, Paul Koelner, Hans Buser, Guschti Jehle, Paul Hug, Missi Brügger, Traugott Schweizer und Delfi Kern (s Wirbeldier hän si em gsait, wel er dr Wirbel e so scheen het kenne) vor einem letzten Teller Mehlsuppe im Birseckerhof bei ihrem Freund, dem Wirt Emil Hug. Einige von ihnen wohnten nicht mehr im Kleinbasel — Emil Hug seit 1906, als er vom Alten Greifen an die Heuwaage gewechselt hatte —, und sie waren daher bei den Vereinigten Kleinbaslern, die eine reine Kleinbasler Gesellschaft bleiben wollten, nicht mehr geduldet. Oder sie duldeten die anderen nicht mehr. Und traten aus. Oder wurden ausgeschlossen (s git e baar Variante vo däre Gschicht — uf jede Fall het s wieder emol e mittleri Grach gä). Und da beschlossen die Herren, eine eigene Gesellschaft zu gründen. So schnell sie sich darüber einig waren, so lange berieten sie dann über den Namen ihres Kindes. Bis Migger Hug die ‹Olympia› vorschlug. Es gebe doch, erklärte er, während die Marie noch jedem ein letztes Stück Zibelewaje servierte, die ‹Olympier› des Seidenfärbers Schetty, jenen Turnerkreis, der früher auch als ‹Jüngere Olympia› Fasnacht gemacht habe und bei dem einige Anwesende auch schon dabei gewesen seien. Der Name klinge gut; man müsse nur Herrn Schetty um sein Einverständnis bitten. Flugs schickten sie Hug ans Telefon (är het zem Gligg nonig lang vorhär sone Kaschte lo montiere), und ein paar Minuten später berichtete er, der Herr Schetty sei einverstanden und wünsche der neuen Fasnachtsgesellschaft alles Gute. Und damit war die Olympia endgültig und regelrecht geboren*.

An der Fasnacht 1909 marschierte der erste Zug der Olympia. Und er marschierte gut. Kein Wunder, denn die Gründer waren (fast) ausnahmslos hervorragende Tambouren, allen voran Emil Hug (dä

---

* Wohl zeugt ein Tambourmajorstock mit der Gravur ‹Olympia 1878› von älteren Vorläufern, doch haben diese nicht als kontinuierliche Fasnachtsgesellschaften bestanden.

glunge Kebi het ‹linggshändig› gruesst, also grad dr lätz Wäg) und Delfi Kern.

Die ersten Pfeifer haben wenig Spuren hinterlassen. Es wurde damals, vor dem Ersten Weltkrieg, allgemein noch wenig gepfiffen, und die Olympia hatte während Jahren immer wieder Mühe, eine Pfeifergruppe von angemessener Grösse beisammenzuhalten. Aber Pfeifer waren immer dabei; sie pflegten auch die Gesellschaftssitzungen mit einigen Versen aus den Alten Schweizern zu umrahmen, ‹um die nötige Stimmung hervorzupfeifen›. Die Olympia war jedoch nach der Gründung vorwiegend eine Tambourenclique (mai, wie das unseri hittige Ruesser yneschlägge!) und blieb es während Jahrzehnten.

Als erster Tambourmajor ist der Fotograf Guschti Jehle verzeichnet, der dann auch jährlich für die feierliche Ablichtung des Zuges sorgte. Führender Kopf der Olympia war Paul Koelner, der Stadthistoriker und spätere Dr. h. c., für die Olympia vor allem auch der erste Zeedeldichter.

Die erste Laterne malte Adolf Sigrist. Nach ihm kam Carl Roschet, 1913 Ruedi Dürrwang.

Zu ihrem ersten Präsidenten wählte die Gesellschaft Emil Hug. Er erklärte in seiner schwungvollen Dankadresse, er wolle aus der Olympia nicht nur eine lockere Fasnachtsgesellschaft, sondern ‹eine zusammengehörende Bande› machen. Und unter seinem allerdings nur kurzen Präsidium — ihm folgte bereits 1913 Hans A. Suter — entfaltete die Olympia denn auch ein intensives Gesellschaftsleben.

Bümmel und Beziehungen

Bümmel hatte es von Anfang an gegeben, und ab 1911 führte man sie regelmässig zwei- bis dreimal jährlich durch. Nach der Fasnacht 1911 suchten die Olymper Reigoldswil heim, an Pfingsten des gleichen Jahres kletterten sie auf das Faulhorn, immer wieder kehrten sie im Bubendörfler Bad ein (dert het s als fir drei bis vier Frangge e Luxusfrass gä, wo au e halb verhungerete Olymper kum het meege), und 1912 gab es zwischen dem Fasnachtsbummel und einer zweitägigen Herbstfahrt noch einen Sonntagsbummel ins Waldhaus. All jenen, die glauben, der Bummelsonntag nach der Fasnacht sei eine neue und daher üble Erfindung, sei nebenbei ins Album geschrieben, dass die Olympia schon 1911 drei Trommeln auf dem Bummel mitführte (nadyrlig nit,

„Olympia"
(Fastnachtsgesellschaft)
1909 = Basel = 1909

Wie zue d'r Kuchi d'r Mistkibel,
G'hert zum Staat als netigst Ibel
Sit alter Zit e Polizei;
Daß s'Menschegschlächt au sicher sei
Vor Schelme und vor and'rem Pack,
Vor beser Tat und Schabernack . . .
Iber die polizeilige Pflichte
Gäbs gar vielerlei do z'brichte;
Was die Landsgi alls mien tue
Fir des Fidleburgers Rueh:
G'suchti Gauner arretiere,
B'soffeni uf d'r Poste fiehre,
Oder, wo e paar sich stäche,
Wenn alles ume, firebräche
Und morndrigs imene Rapport
Im Hauptma brichte vo däm Mord . . .
Bi uns'rer Basler Polizei
Isch scho lang nim alls im Blei;
Was mer meine, wissener scho,
Sisch ditlig gnueg aim z'Ohre ko;
Mit de Offizier speziell
Het d'Basilea kai groß G'fell.
Summa Summarum d'Ibelständ,
Klar wie Wasser, ebe ergänd:
Daß willig s'Fleisch, doch schwach d'r Geischt,
Dä sone Apparat erheischt.
Soll drum uns'ri Polizei genese,
G'hert dä Plunder g'herig verlese;
Mit wisem Sinn reorganisiert
Und uf's modernsti usstaffiert.
Wie sot si das Zukunftskorps,
Fiehrt-ich unser Zigli vor;
Vom G'meine bis zum Offizierli
Wurd alles laufe denn am Schnierli,
Knörr und G'schnörr wurde verstumme,
D'Verbrecher-Blüetizit wär ume
Aber um das alles z'erfille
Brucht's millionisch starke Wille;
David, wie säll Hirtebiebli,
Hieb teil us, und nit nur Hiebli!
Hau, dur e G'setz, suber und glatt
D'r Kopf ab vo däm Goliath;
Bringsch däwäg Ornig in die G'schicht,
So wär's, mi Seel, di best Gedicht.

Basel, den 10. Nov. 1909

Werte Kollegen!

Dem Wunsche vieler unserer Mitglieder nachkommend eine Gesangsektion ins Leben zu rufen, die auf jedenfall viel zu unserer Zusammengehörigkeit, sowie Gemütlichkeit beitragen dürfte, erlaube ich mir Sie zu einer diesbezüglichen Besprechung auf Samstag, den 13. d. abends 8½ Uhr im Birseckerhof freundl. einzuladen.

In Erwartung eines vollzähligen Erscheinens entbiete Ihnen die aufrichtigsten Grüsse

E. Hug.

≪
Dr. h.c.
Paul Rud. Koelner
(genannt Pipsli)
(1878–1960)
<
Emil Hug (1880–1940)

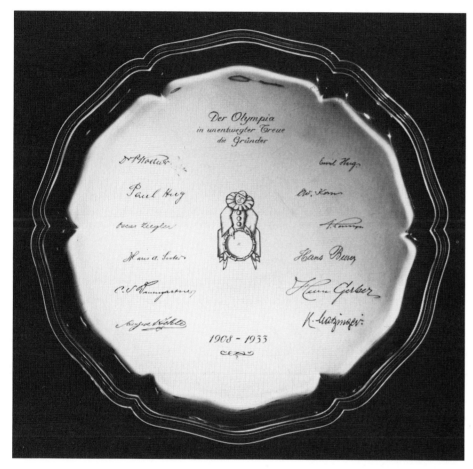

Der Olympia
in unentwegter Treue
die Gründer

1908 - 1933

einem gemeinsamen Trunk oder Nachtessen, der sogenannten ‹Saldovertilgung›. War der Saldo einmal besonders gross, gab es sogar einen Bummel. Als ab 1910 das Comité ein geordnetes Subventionswesen aufzog, bestand bereits der Brauch des Bummels (und wel s e scheene Bruuch isch, isch er blibe).

Seit den ersten Jahren nahm die Olympia auch regelmässig an Schützen-, Turn- und St.-Jakobs-Festen, 1. August-Feiern und anderen Volksbelustigungen teil. Jahr für Jahr — mit Unterbrüchen erst in der Zwischenkriegszeit — holte sie die Liedertafel, die am Sonntag vor der Fasnacht die Liedertafelfasnacht mit Bummel durchführte, abends am Bahnhof ab, um sie durch die Stadt heimzugeleiten. Nicht weniger alt ist die Beziehung zu den Drei Ehrengesellschaften Kleinbasels; schon vor dem Ersten Weltkrieg begleitete die Olympia die Gesellschaftsbrüder am Vogel Gryff beim abendlichen Zug durchs Kleinbasel. Allerdings ist dieser Brauch, so alt er ist, damals noch nicht für alle Magistraten selbstverständlich gewesen. Denn im Februar 1911 hatte der Schreiber an einer Kommissionssitzung festzuhalten:

« Betreffs Strafbefehl wegen Trommeln ohne Bewilligung am Vogel Greif will der Präsident noch mit Inspector Müller Rücksprache nehmen. Die Drei-E-Gesellschaften werden sich wahrscheinlich ins Mittel legen. »

Solche Strafbefehle gehörten aber zum täglichen Brot der damaligen Tambouren; es wird noch von einigen Zusammenstössen mit der hohen Hermandad zu berichten sein (he jo, dert hän no kaini lätz parkierte Auto d Schugger vom Drummle abglängt). Selbstverständlich pflegte man auch seit eh und je die Beziehungen zum Fasnachtscomité, das damals selbst noch in den Strampelhosen steckte. Es hatte aber immerhin bereits 1912 ein Regulativ vorgelegt, das Verhaltensmassregeln für die Cliquen enthielt, und 1914 ersuchte die Olympia das Comité, ‹jeweilen auf Fastnacht eine geeignete Zugsroute herauszugeben› (isch ächt s Routeproblem doch nit ganz e so nej?). Die für die Cliquen wichtigsten Tätigkeiten des Comités waren der Plakettenverkauf und, natürlich, die Subventionszahlung. Die Obrigkeit verfügte allerdings, 50% der Nettoeinnahmen des ‹Emblemverkaufes› müssten gemeinnützigen Zwecken zugeführt werden (wie wenn d Subventionierig vom ene

zem unterwägs druf sitze!) und abends mit drei weiteren, im Bahnhof deponierten Trommeln ‹tambour battant› durch die Stadt zog. Der Ursprung des Bummels an einem der Sonntage nach der Fasnacht hängt eng zusammen mit der Entstehung des Fasnachtscomités. Das war so gegangen: Vor der Gründung des Comités anno 1910 pflegten die Cliquen auf eigene Faust bei Bekannten, Geschäftsleuten und anderen grosszügigen Mitbürgern (d Vorlaifer vo de Sponsore sin s gsi) Unkostenbeiträge zu sammeln. Zudem richtete das Quodlibet Prämien aus. Dessen Präsident nahm von der Casinoterrasse aus die Parade der Cliquen ab und warf dem grüssenden Tambourmajor ein kleines Säcklein mit einigen Goldstücken zu. Manche Clique rechnete dann unmittelbar nach der Fasnacht über Ausgaben und Einnahmen ab und verbrauchte, was übrigblieb, bei

Basel, 17 Februar 1909   14

Rechnung für Tit Olympia. Hier

von **ARNOLD VEST**

24 Freiestrasse 24   Marchand-Tailleur   Telephon 2035

1 Fastnacht Kostüm für H. Boder	26.—	
1 " für H. Flury	19.—	
1 " für H. Sollenberg	19.—	
4 H. Dottberg Kinder gratis.	64.—	

per acquit
Basel. 15 März 1909

Arnold Vest

Olympia 1909.—

Diverse Auslagen wie folgt :

4	Verköstigungen für Laternenträger f. Mittwoch à 2.50	= Fr.	10.—
4	" " " Montag " 2.50	= "	10.—
2	" " Requisitenträger f. Montag " 2.50	= "	5.—
2	" " " Mittwoch " 2.50	= "	5.—
2	" " Dienstmannen für Mittwoch " 2.50	= "	5.—
	Trinkgeld für Küch C. Urheim am Montag	= "	2.—

Frs. 37.—

Der Kassier :

Hans Suter

Uebernahme
aller möglichen
Bauarbeiten & Dachdeckungen
von Blech und Zink
Erstellung
von
Ofen & Ofenrohren

Basel, den 1 März 1909

Rechnung

Erstellung
aller Arten von
Wasser- & Gas -Einrichtungen
Badeinrichtungen
und
Douchen.

für Tit. Fastnachtgesellschaft Olympia   Dahier.

von **JAKOB GERBER, Spengler**

7 Rebgasse 7 - Telephon 3728

27	40 Stück Kerzenhalter à -.10	4.—

pr acc

Nota

für Olympia

			2	40
2	Liter Wein		1	20
8	Bier		—	15
1	Cognac		—	60
3	Michelsuppen		—	05
1	Bavage		—	35
1	Extra Würst			
9	Essen retour			
		4.75		

Basel, den 11 März 1909   20

Rechnung von A. Von der Mühll & Sohn

Fastnachtgesellschaft Olympia

über Mk. 1.60

pr acquit

per A. Von der Mühll & Sohn

Anfertigung und Reparatur aller Waffen

JACOB BÜRGIN

Büchsenmacher

BASEL

Zeughaus   Petersgraben

Waffen aller Art werden zum Aufbewahren angenommen.

Rechnung für Fastnacht gesellschaft Olympia

von Jos. Kaller

2 Kappen à 3.25	6.50

Dankend erhalten

CHAPELLERIE

Jos. Kaller

BASEL

51 Gerbergasse 51

Hut-Bazar
en détail

No. 1861
KALLER 375

ATELIER
für
FLACHMALEREI
Bauarbeiten
Holz & Marmer Imitation
Möbel, Beizen von Naturholz,
Schriften
Ausführung der Arbeiten in
Öl. Kalk, Leim, Tempera, Mineral
Lackfarbe etc

SAMUEL BAUR & SOHN

· TELEPHON · 2751 ·

Rechnung

für "Tit. Olympia" Basel

ATELIER
für
DECORATIONSMALEREI
Bauarbeiten
Decoration in jedem Styl & Genre
Stores, Gobelins, Transparents.
Engl. Artikel für
Innen - Dekoration
Wall - Papers, tiles, stains for wood
etc

Fol. 264   BASEL, DEN 6 März 09   No 14

		frs	cts
Febr.	Fastnachtslaterne mit Stoff überzogen		
	u. bemalt	500	
	Gestell u Tragbahre	120	
	Tapeziererarbeit : Dekorieren	22	
	Kerzenhalter	6	
	total frs	648	

pr. S. Baur & Sohn

Buchdruckerei J. Frehner Basel

Steinentorstraße 2   Telephon No. 2249

Anfertigung von Druck-Arbeiten
jeder Art für Behörden, Banken
Industrielle und Private.

Zusicherung prompter Bedienung
und gewissenhafter Ausführung
bei mäßigen Preisen

Basel, den 4. März 1909

Rechnung für Tit Olympia

Fol. 101

		Fr.	Cts.
15000 Fastnachtszedel		50	—

Fr. acquit
Basel, 17 Mrz 1909
J. Frehner

Rechnung

1909
Januar	14	Anfertigung		
"	29	30		
"	30	1 Kappen		
Februar	4	20		
"	6	15		

C. Si

Rechn

Febr. 26.

Rechnungen

für die

Olympia

Fasching 1909.

Nota für die Olympia

1 Schnur genommen fr —.50

pr. acquit
L. Braun-Schütte
L. Braun
30.I.09

Goldene Medaille · **Basler Gewerbeausstellung 1901.**

L. Dischler, Sattler
9 Bäumleingasse 9.

Fabrikation und Lager
von
feinen Pferdegeschirren aller Systeme.
Stall-Utensilien.

Herren- und Damensättel
Reit- und Fahrpeitschen.
Pferdedecken aller Art.
Reitequipierung · Stall-Requisiten.
Alle Reparaturen prompt und billigst.

RECHNUNG

für Herrn Titl. Fastnachtsgesellschaft Olympia.

Basel, den 6. März 1909

		Fr.	c.
Fbr. 20. geliefert 14 rund lackierte Trommelbandelier, und mit weisser Seide abgenäht à Fr. 11.—		154.	—
2 Kragriemen mit 2 Gürtel à Fr. 6.—		12.	—
2 Brustgurten mit Einrichtung à 2.50		5.	—
Fr.		171.	—

pr. acquit
Dischler
15. März 09.

Telephon No 2078   Aeschengraben 8   Basel, den 5. März 1909

Theodor Schwarz & Co.
Elektrisches Installationsgeschäft

Herrn A. Moser Hier

Postcheck-Conto V (Basel) No. 0238.

Soll

		Fr.	
14 Schlüsselhalter angefertigt		70.	—

per acquit
THEODOR SCHWARZ & Co
Boser

Fastnachtgesellschaft Olympia

circulare		3.50	
2 cts		—.60	
2 cts		—.60	
		—.15	
2 cts		—.40	
2 cts		—.30	5.55

pr. acquit
Ed. Brenner
10.II.09.

Gratis-Empfangschein.
Récépissé gratuit. — Ricevuta gratuita.

Die unterzeichnete **Post-stelle** bescheinigt zur Beförderung erhalten zu haben:

L'OFFICE DE POSTE soussigné déclare avoir reçu pour expédition:

L'ufficio postale sottoscritto dichiara di aver ricevuto per la spedizione:

Gegenstand: *Objet: / Oggetto:* an / pour / per

Wert oder Betrag: *Valeur ou montant: / Valore o importo:* Fr.

Franco

in / à / a Basel

Unterschrift: *Signature: / Firma:*

BASEL FILIAL 23.II.09

Auslagen für Marken

1909

Febr. 16	25 Stück 2er Marken			—.50	
23	3 Mandat à .15			—.45	
25	25 " 2er Marken			—.50	
	1 Brief v. Schnetzli			—.05	
	1 Karte v. Boder			—.05	
20	20 Stück 2er Marken			—.40	
21	21 " 5er "			1.05	
			fr.	3.00	

31 März 1909
Hans Suter

..t, Sohn, Maler, Basel

für Titl. Fastnachtgesellschaft Olympia

den 5. März 1909

Zugeisen O. Roth für Uhr			
5 Morgenstreichlaternen	fr. 0.50		
1 per Stück 120	" 12.—		
	" —.50		
	" 6.—		
Karkaulaternen u. Requisit	" 2.—		
	fr. 27.00		
50 Luftballon	" 5.—		
	fr. 32.—		

pr. acquit
L. Siefert Sohn
5.III.09.

Kolonialwaren
und
Landesprodukte

Spezialität:
KAFFEE

Basel, den 27. Februar 1909

Steinenstrasse 30

TELEPHON 2416
TELEGRAMM-ADRESSE
FUTTERER BASEL
Postcheck-Conto V 378

Faktura
von
Futterer & Cie.

für Herrn E. Hug Basel.

25 Pak. Bougies à		70 c.		17.50

per acquit
Futterer & Cie

Basel den 4. Febr. 1909

für Herrn E. Hug, Binningerstr. Dahier

Bauspenglerei Schnetzler Petersgraben 7
GAS- UND WASSERINSTALLATION

1 messing. vernickelter Tambourstock Metalltülle neu, alter Stock zürel abgedreht		fr. 9.50

Cliquebummel nit ebbis Gmainnitzigs wär!), was die Kommission der Olympia als entschieden zu viel taxierte. 25 bis 30%, fand man, würden vollauf genügen. Mit den Jahren wurde dann der Anteil für gemeinnützige Zwecke herabgesetzt, bis er 1922 ganz entfiel. Die Olympia wachte selbstverständlich eifrig darüber, dass ihr bei den Subventionen keine andere Clique vor die Nase gesetzt wurde. Nach jeder Fasnacht wurde verglichen, welche Konkurrenten gleich viel erhalten hatten, und wenn es anderen zu mehr gereicht hatte, wollte man sehr genau die Gründe kennen. Einmal in jenen Jahren verkündete der Präsident stolz eine Spitzensubven-tion von — es sei gestattet, das Geheimnis wenigstens bei Vorkriegszahlen zu lüften — 1200 Franken, und er ermahnte die Gesellschaft, das Ansehen, ‹das wir durch Bescheidenheit und flotte Durchführung beim Comité erworben haben›, zu wahren. Im gleichen Jahr wusste er aber auch Comitémitglied und Olympia-Betreuer Paul Koelner zu loben, dem das Hauptverdienst dafür zufalle, dass die Olympia als Zug und Tambourengruppe an erster Stelle stehe. Koelner erhielt dafür einen Becher und wurde vom Präsidenten ermuntert, ‹so weiter zu machen› (merci, hän die dert im Comité no e Vetterliwirtschaft gha …).

Die ‹Fastnacht›

Die Fasnacht selbst, zu der wir damit endlich zurück-
kehren, unterschied sich, wenigstens was die Züge
betrifft, gar nicht so sehr von heute. Die Olympia
legte von Anfang an grossen Wert auf einen stattlichen Vortrupp (anderi sage däm Vortrab – s isch
aber s glych). Ihn, stellte die Kommission schon
1911 fest, müsse man in erster Linie pflegen, da er
‹zweifellos den Haupteffekt› ausmache. Diese weise Erkenntnis prägte das Verhältnis der Olympia zu
ihrem Vortrupp durch alle folgenden Jahrzehnte.
Auch Vorreiter haben nie gefehlt. Am Morgestraich

gehörten seit jeher Steckenlaternen dazu – man
achtete sorgfältig darauf, dass ein Harst von mindestens fünfzehn Steckenlaternen den Zug eröffnete.
Dann folgte die Laterne, auch sie nie wegzudenken
von einem rechten Zug. Dementsprechend suchte
die Olympia auch immer einen namhaften Künstler
als Laternenmaler. Es folgten Pfeifer, Tambourmajor
und Tambouren, je nach dem Stand der Kasse auch
ein Wagen. 1912 führte das Spiel am Morgestraich
stolz eine neue Errungenschaft vor: die Kopflaternen. Sie wurden allenthalben bewundert. Die Aus-
stattung des Zuges und der ganze vorfasnächtliche
Aufwand allerdings waren, gemessen an heutigen

Fasnachtsvorbereitungen, bescheiden. Die Kostüme waren meistens schlichter, weniger bunt, mit viel weniger Schnickschnack versehen und sehr viel billiger. Als Larve genügte ein ‹zweites Gesicht› (mit eme Gatschubändeli um dr kurzgschore Hinterkopf), und obendrauf sass irgendein hut- oder helmartiges Gebilde, jedenfalls aber kein voluminöser Blickfang. Doch wozu lange Schilderungen — die Zugsfotografien der ersten Jahre sprechen für sich.

Auf das Sujet besann man sich irgendwann nach dem Neujahr. Den Stoff für die Kostüme begann man wenige Wochen vor der Fasnacht (denn, wenn e hittigi Schnydere scho die erschte zwai Närvezämmebrich hinter sich het), nein, nicht etwa zuzuschneiden, sondern zu bestellen! Der Präsident der Olympia teilte der versammelten Gesellschaft am 12. Februar 1911 befriedigt mit, der Stoff für die kommende Fasnacht sei ‹bereits bestellt›, was allerdings nicht hinderte, dass die Kommission eine Woche später nochmals über den auszusuchenden Stoff diskutierte. Die Übungen der Tambouren und Pfeifer begannen ebenfalls wenige Wochen vor der Fasnacht, fanden dann aber an mehreren Wochentagen und zudem oft am Sonntagnachmittag statt. So gemütlich war die Fasnacht damals noch. Und dennoch ist kein Jahr verzeichnet, in dem die Gesellschaft nicht pünktlich butzt und gstrählt ihren Zug auf der Strasse gehabt hätte.

Lange Sitzungen waren Jahr für Jahr der Sujetwahl gewidmet, und durch alle Berichte darüber zieht sich als roter Faden das Bestreben, das ausgesuchte Ereignis in den Kostümen, auf der Laterne und in einem gepfefferten Zeedel zum Ergötzen der Stadt (dert het s das no gä) auszuspielen. Und nach der Fasnacht hat die Gesellschaft ohne falsche Bescheidenheit immer wieder festgestellt, es sei ihr gelungen, einen Zug ‹von echt baslerischem Witz› zusammenzubauen (lach nit iber dä Dinggel — hit git s en au no, und unseri Grinder hän villicht doch no meh Grund gha drzue!). Leicht war die Sujetwahl nie. So hätte die Olympia 1911 gerne einige reichsdeutsche Peinlichkeiten aufs Korn genommen. Sie getraute sich dann aber nicht. Mitnichten etwa, weil sie diplomatische Interventionen des Kaisers gescheut hätte, sondern weil sie fürchtete, die Sympathien der (Basler!) Bevölkerung zu verlieren. Davon abgesehen, fand die Kommission aber auch, das etwas verzweigte Sujet wäre ‹dem Plebs nicht übersicht-

LYMPIA

lich genug› gewesen. Auch ein späterer Vorschlag, die sozialistischen Umtriebe hochzunehmen, fand bei der damals recht souveränen Kommission keine Gnade; man befasse sich, beschloss sie, nicht mit den Sozialisten, ‹die eben international sind und das Geld anderer Leute verschenken›.

Wie sehr sich die Zeiten geändert haben! Das erkennt der geneigte Leser zum Beispiel auch daran, dass 1914 mehrere Wochen vor der Fasnacht zu Protokoll genommen wurde, die Laternenträger hätten sich schriftlich beworben. Das müsste heute einer Clique passieren! Damals gedachte die Kommission, die Bewerber ‹eventuell zu berücksichtigen›. Oder, als weiteres Exempel für die veränderten Zeiten, der folgende Antrag vom Januar 1914:

«E. H. stellt den Antrag, der Originalität wegen unsere diesjährigen Zeddel auf leichtem, billigerem Seidenstoff drucken zu lassen. Den dadurch entstehenden Mehrpreis gedenkt man einigermassen zu decken, indem man den Vortrüpplern für 100 Stück Cts. 50 verlangt, man bezweckt damit gleichzeitig, dass dieselben nicht wie andere Jahre vergeudet werden, welche Abhilfe bei uns entschieden notwendig ist.»

Gedruckt wurden dann 25000 Zeedel auf Papier und zudem 5000 auf Seidenbändern (die Ufflag macht jede hittige Zeedeldichter blaich vor Nyd). Die

Fastnacht 1909.

Zur Darstellung geeignete Sujets:

Absinth-Initiative	Kinema-Seuche
Auferstehungsschatz	Kunstausstellung
Auto-Droschken	Mehlzoll-Konflikt
Balkan-Wirren	Metzger-Boykott
Basler Hoftheater	Münzkabinett
Botenwagen-Standort	Saccharin-Schmuggel
Diabolo-Spiel	Schwimmbad
Diamanten-Schwindel	Steuer-Erhöhung
Einbruch bei Dietrich	Trambahnhof
Flugmaschinen	Wagenrad-Damenhüte
Fremdenlegion	Wahlbureau-Schlendrian
Gelbe Façade	Wiener Sängerreise
Hungerkünstlerin	Zeppelin-Begrüssung
Kantonserweiterung	

Um mehrfache Darstellung des gleichen Sujets zu vermeiden, bitten wir um möglichst baldige Bekanntgabe des gewählten Sujets.

Fastnachts-Comité
des Quodlibet und des Wurzengraber-Kämmerli.

Zeedel fanden offensichtlich auf der Strasse reissenden Absatz, obwohl noch 1912 der Präsident seinen Getreuen erklärt hatte, das Auflegen der Zeedel in der Laternenausstellung sei viel vernünftiger als das unzweckmässige Verteilen in den Strassen!

Waren einmal alle Vorbereitungen für die Fasnacht getroffen, nahm die Fasnacht selbst weitgehend den gleichen Verlauf wie heute — nur auch wieder in wesentlich bescheidenerem Rahmen. Der Morgestraich begann (wär hätt das dänggt!) um 4 Uhr. Wehe aber dem Tambour, Pfeifer oder Vortrüppler, der sich erdreistet hätte, ohne Larve vor dem Gesicht ins Lokal zu gehen! Wer im Kostüm auf die Strasse trat, hatte die Larve an und blieb anonym, und diese gute liebe Tradition blieb noch jahrzehntelang erhalten (aber dert hän halt au no kaini gältigssichtige Zytigsschryberling sich drmit wichtig gmacht, dass si jedes Ghaimnisli vom Vogel Gryff ibers Monschter bis zer Fasnacht in ihrem Blettli braidätscht hän).

Zum Morgestraich trat die Olympia im Charivari an, nur nannte man es nicht so. 1912 lehnte die Gesellschaft den Antrag, als einheitliche Gruppe am Morgestraich mitzumachen, ab und beschloss, ‹jeder solle anziehen, was ihm beliebe›.

In den ersten Jahren nach der Gründung gab es noch den Mittwoch-Morgestraich, gegen dessen Abschaffung sich die Olympia zusammen mit den anderen Cliquen heftig zur Wehr setzte. Vergeblich, denn 1913 wurde er durch regierungsrätlichen Erlass endgültig abgeschafft. Dafür verlängerte der Rat die Trommelbewilligung für die beiden Fasnachtstage — es wird als grosser Fortschritt verzeichnet, dass neuerdings ungestraft bis 22 Uhr getrommelt werden durfte. Wer aber später noch gässelte, wurde gnadenlos gebüsst, und die Olympia hat denn auch mit schöner Regelmässigkeit Strafbefehle erhalten und Bussen abgeliefert. An den Nachmittagen zogen die Züge durch die Stadt — noch auf freier Route und ohne Stockungen und zudem von einer Beiz zur andern, in der Platz für die ganze Clique war. Eine Fülle von Einzelmasken und Chaisen belebten die Strasse. Sonst aber unterschieden sich die Nachmittage für die Züge nicht allzusehr von heute. Der Dienstag entfiel als Fasnachtstag vollständig; er diente der Erholung vom Montag oder, viel eher noch, schlicht der Arbeit.

Eine solche Fasnacht kostete mit allem Drum und Dran, mit den vom Larvenmacher bestellten Larven und den fertig geschneiderten Kostümen, sogar mit dem Honorar des Laternenmalers, um die 1300 bis 1400 Franken. Entsprechend war die Subvention des Fasnachtscomités, wobei es einige Jahre lang üblich war, um eine Nachsubvention zu ersuchen, wenn die zunächst zugesprochene die Kosten nicht deckte. Ähnlich bescheiden war der Mitgliederbeitrag: 1911 bezahlte man für das ganze Jahr einen Fünfliber, und dabei blieb es während Jahren nach dem Ersten Weltkrieg. Im gleichen Jahr wurde sogar für 50 Franken die Ehrenmitgliedschaft vergeben. Wie bescheiden auf der andern Seite der Aufwand war, zeigen die neu angeschafften Gesellschaftspiccolos. Man kaufte sie auf Antrag von Ernst Plattner, dem späteren Präsidenten, ‹um gleich gestimmte Instrumente zu bekommen›, und sie kosteten ganze 10 Franken (pro Stigg, notabene, nit pro Glabbe). Solche Kosten fielen an für eine Olympia, die 1912 vierzehn Tambouren und sieben Pfeifer zählte und in

den folgenden Jahren schön langsam wuchs, bei den Pfeifern zwischendurch auch einmal abnahm.

Trubel und Trophäen

Wie jede Clique, die etwas auf sich hält, hatte auch die Olympia von Zeit zu Zeit einen kleinen Mais. Einmal lösten Spannungen zwischen Gross- und Kleinbaslern eine lange und zeitweise heftige Debatte aus; man habe sich, berichtet der Schreiber, erst um Mitternacht geeinigt und die Sache als erledigt betrachtet. Seit 1913 Karl Roth, der grosse Pfeifer und Komponist so zeitloser Spitzenreiter unter den Märschen wie Ryslaifer, Querpfeifer, Elfer, Tango und z Basel an mym Rhy, Pfeiferinstruktor geworden war, häuften sich Reibereien der Pfeifer unter sich und mit dem Rest der Gesellschaft. Roth muss der Prototyp der Primadonna gewesen sein: Niemand zweifelte an seiner ausserordentlichen Begabung als Piccolospieler und Komponist, aber sein stachliger Charakter machte ihn zu einem nicht eben bequemen Mitglied der Gesellschaft (hit isch die Art vo Pfyffer und Drummler sälbverständlig usgstorbe ...). Roth und seine Pfeifer gaben daher an mancher Sitzung zu reden, und der liebe Leser wird auch

später noch von wüsten Auseinandersetzungen vernehmen müssen. Die Risse und Risslein wurden aber immer wieder mit vereinten Kräften gekittet. Schliesslich sah man allen Mitgliedern scharf auf die Finger, damit sie nichts Unrechtes täten. Davon zeugt das Protokoll einer Kommissionssitzung von 1914:
«Es wird von einer Seite aufmerksam gemacht, auf unser neu aufgenommenes Mitglied X. ein gewisses Augenmerk zu halten, da derselbe als leichter Bursche bekannt sei. Die Kommission beschliesst obigem nachzukommen.»
Von zwei Herren, die sich im gleichen Jahr um die Aufnahme bewarben, berichtet der Schreiber gar, sie hätten sich durch Vermittlung eines Mitgliedes angemeldet, ‹doch wird verschiedener Umstände wegen beschlossen, denselben auf gleichen Wegen abzusagen›. Im übrigen aber pflegte die Olympia weiterhin die Geselligkeit, so im Mai 1914 an einer Fahnenweihe, von welcher überliefert ist: «Die letzten scheinen auf ganz interessante Weise nach Hause gekommen zu sein.» Und mit den Jahren häuften sich schliesslich Anerkennungen und Trophäen aller Art (Silber-, Äsche- und anderi Bächer sin s vor allem gsi) derart, dass die Olympia einen

18

Gesellschaftskasten
in der Olymperstube
des ‹Café Spitz›

eigenen Ausstellungskasten anschaffen musste. In
einem langwierigen Verfahren mit zahlreichen Ent-
würfen, Skizzen und Offerten gelangte man dazu,
den Kasten—eine Art Vitrine—bei Herrn Hofstetter in
Auftrag zu geben, und dass dessen Arbeit gediegen
war, das belegen nicht nur das Kassenbuch und das
Protokoll, sondern der Kasten selbst, der als letzter
Zeuge der Gründungszeit heute noch in der Cliquen-
stube steht.

Entwürfe für
die Schaffung
eines Olymperabzeichens, 1922

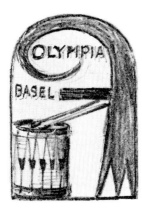

20

1956
Sujet ‹dr Wettstai-
Brunne› Laternenentwurf,
Vorderseite
Max Sulzbachner

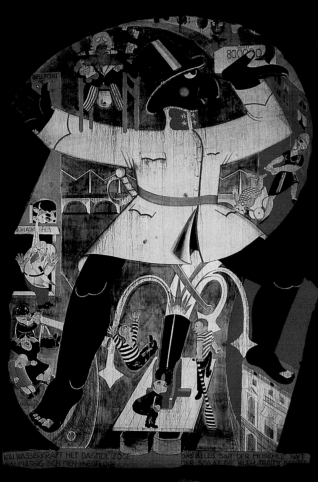

1927
Sujet ‹d Rekordsucht›
Laterne
Rückseite (links)
Karl Hindenlang

1936
Sujet ‹Sauce fédérale›
Laterne
Rückseite (rechts)
Karl Hindenlang

1932
Sujet ‹Basler
Moritate›
Laterne
Vorderseite (links)
Rückseite (rechts)
Ferdinand Schott

1935
Sujet ‹d Wiener
walze› Laterne
Vorderseite (links)
Karl Hindenlang

1926
Sujet ‹Sens unique›
Laterne
Rückseite (rechts)
Karl Hindenlang

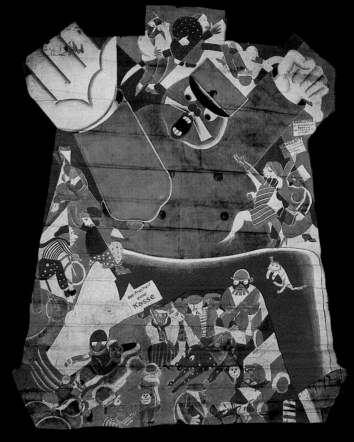

1921
Sujet ‹Kunschtkredit›
Laterne
Rückseite (links)
Paul Rudin

1934
Sujet ‹dr Uff- und
Abrischtigszirkus›
Laterne
Vorderseite (rechts)
Ferdinand Schott

1960
Sujet ‹s Schlange-
fänger-Kaffi
zer Yamsknille›
Laterne
Vorderseite (links)
Rückseite (rechts)
Max Sulzbachner

1963
Sujet ‹IG-Zauber›
Laterne
Vorderseite (links)
Max Sulzbachner

1962
Sujet ‹Lieschtel
zindet Basel a›
Laterne
Vorderseite (rechts)
Max Sulzbachner

1955
Sujet ‹d Räblyte
het si het›
Laterne
Rückseite (links)
Max Sulzbachner

1953
Sujet ‹Basilisk
und Zirilai›
(Frindschaftswuche)
Laterne
Rückseite (rechts)
Max Sulzbachner

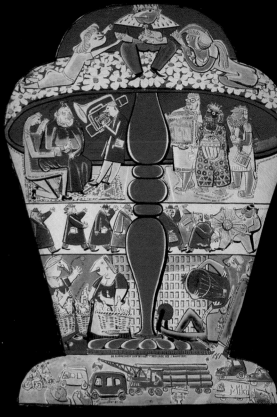

1959
Sujet ‹Hula-Hopp,
mir verbleede›
Laterne
Vorderseite (links)
Max Sulzbachner

1957
Sujet ‹Pariser Mode
à la Bâloise›
Laterne
Rückseite (rechts)
Max Sulzbachner

1959
Sujet ‹Hula-Hopp,
mir verbleede›
Laterne
Rückseite (links)
Max Sulzbachner

1961
Sujet ‹Ich schlage
vor› (Verkehrsverein)
Laterne
Vorderseite (rechts)
Max Sulzbachner

1966
Sujet ‹Semaines
frass-es›
Laterne
Rückseite (links)
Kurt Pauletto

1965
Sujet ‹Hopp Schwyz —
Snob Schwyz›
Laterne
Vorderseite (links)
Rückseite (rechts)
Kurt Pauletto

1966
Sujet ‹Semaines
frass-es›
Laterne
Vorderseite
Kurt Pauletto

1967
Sujet ‹Do hesch
denn s Gschängg›
Laterne
Vorderseite (rechts)
Kurt Pauletto

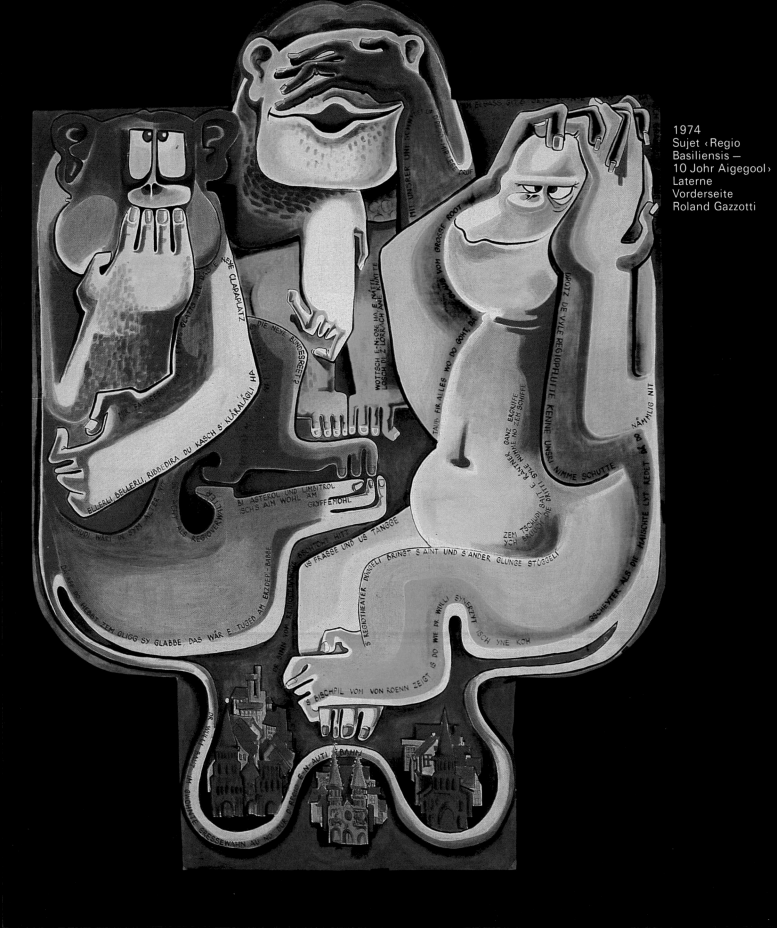

1974
Sujet ‹Regio
Basiliensis —
10 Johr Aigegool›
Laterne
Vorderseite
Roland Gazzotti

1973
Sujet ‹d Birgerwehr› (I)
Laterne
Vorderseite (links)
Rückseite (rechts)
Roland Gazzotti

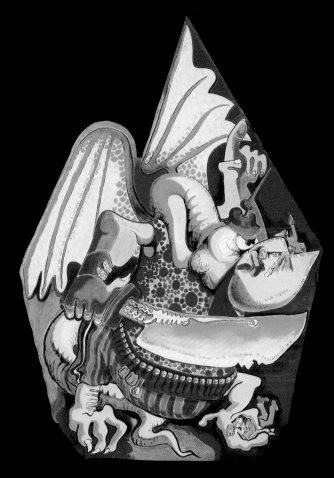

1974
Sujet ‹Regio
Basiliensis —
10 Johr Aigegool›
Laterne
Rückseite (links)
Roland Gazzotti

1975
Sujet ‹Buure- und
Birger-Universiteet
Basel›
Laterne
Vorderseite (rechts)
Roland Gazzotti

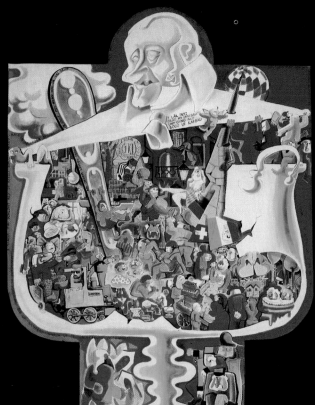
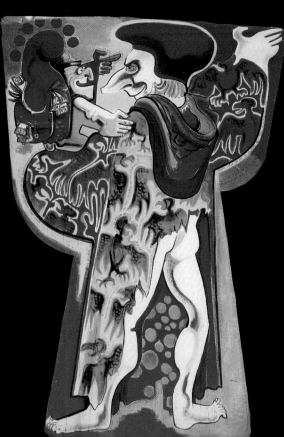

1969
Sujet ‹S Laub(er)-
Hütte-Fescht an dr
Stadthuus-Gass›
Laterne
Vorderseite
Kurt Pauletto

ERSTER WELTKRIEG

Monstre statt Morgestraich

Während des Ersten Weltkrieges fiel die Fasnacht aus — sie wurde vom Regierungsrat verboten. Fasnachtsersatz war das Monstre-Trommelkonzert, zwar nicht etwa eine kriegsbedingte Neuerung, aber doch in den Kriegsjahren besonders sorgfältig gepflegtes Ereignis. Die Cliquen hatten ihre Auftritte am Monstre schon vor den Kriegsjahren gründlich vorbereitet, setzten aber, als es einziger Überrest der Fasnacht war, vermehrten Ehrgeiz in einen Auftritt, der nicht nur durch den Trommel- oder Pfeifervortrag, sondern auch durch das Gesamtbild bestach. Je nach ihrem Sujet traten die Cliquen im Charivari oder in einheitlichen Kostümen auf. Eine Ausnahme bildete das Jahr 1916, in dem die Olymper ohne Larven, dafür jeder in seiner Militäruniform auftraten. Man marschierte zunächst vom Greifen ins Küchlin und stellte sich dort zwischen zwei Grenzsteinen als Bühnenbild auf. Der Erfolg war gross. Wie die Olymper es fertiggebracht hatten, alle rechtzeitig Urlaub zu erhalten, ist nirgends verzeichnet. Berichtet wird aber, dass das Bild der Clique in ihren Uniformen aller Grade (nume Generäl und ähnlig hochi Tier sin nit derby gsi) prächtig war.

Schon 1913 war das Comité auf die Idee gekommen, einzelnen Cliquen unmittelbar vor der Aufführung einen Marsch zuzulosen, und zwar nicht, damit sie sich über ihr vielfältiges Können ausweisen könnten, sondern um sie zu zwingen, mehr als nur einen Marsch zu üben. Das hatten sie nämlich sonst getan, mit der Folge einer entsprechenden Marscharmut an der Fasnacht selbst.
1917 stellte die Kommission der Olympia den Antrag, nicht am Monstre teilzunehmen. In der Diskussion liessen sich die Pfeifer, die den Antrag durchgedrückt hatten, eines Besseren belehren, und die Teilnahme am Monstre fand schliesslich wieder einhellige Zustimmung. Erwähnenswert ist das Geschichtlein darum, weil der Antrag die Folge der reduzierten Aktivitäten gewesen zu sein scheint (d Olymper hän halt Aktivdienscht do statt Aktiviteete z entfalte). Jedenfalls mahnte der Schreiber schon 1916 zu besserem Zusammenhalt, ‹da sich seit längerer Zeit grenzenlose Interessenlosigkeit bemerkbar macht›. Die Unterbeschäftigung ging sogar so weit, dass der Wunsch nach Statuten laut wurde. Sie waren aber (zem Gligg) noch im Stadium des Entwurfs, als die grässliche fasnachtslose Zeit zu Ende ging und die Gesellschaft ihre Energien wieder auf produktivere Weise loswerden konnte.

KLEINBASLER GESELLSCHAFTSHAUS
ARNOLD VŒGELIN
Telephon 1269   Telephon 1269

BASEL, den 20 Feb. 1922

Rechnung für Tit. Fastnachtsgesellschaft „Olympia" Basel.

Feb. 18	48 Stück Pâtisserie zum Ankaufspreis à fr.	9.60
	1 Mocca-Torte à 8.-	24.-
	3 fl. Asti	
	Café extra + Zucker	3.50
	Securitas : 1 Bœuf braisé Spagh. à 3.70	11.10
	3 Nachtessen fant Bon à	3.80
	1 à 4.25	8.50
	2 fl. Neuchâtel à 5.-	10.-
	4 Türkheimer à 4.5	18.-
	½ fl. Macon	2.50
	1 Liter Tyroler	4.-
	Miete der Säle incl. Beleuchtg + Heizg fr.	100.-
		fr. 201.-

22 Feb. 22.   pr. acquit
A. Vœgelin.

*** Thee-Import ***
China- und Japanwaren

FRITZ MANGER, BASEL
Nachfolger von Bühler & Manger
(Gegründet 1892)
□□□ 81 Gerbergasse 81 □□□
Telephon 2122

Basel, 18. Februar   1922

Tit. Olympia

Basel

Für den mir durch Herrn Emil Roth
gütigst erteilen Auftrag bestens dankend, beehre mich, Ihnen nachfolgend Faktura zu überreichen, für deren Betrag von Fr. 47,50 Sie mich gefl. erkennen wollen.
Ihren fernern geschätzten Aufträgen sehe mit Vergnügen entgegen.

Hochachtend

□■□ **FAKTURA** □■□

| 19 Stk. | Japan. Moccatassen Nr. 26105 | per Stk. à fr. 2,50 | fr. 47,50 |

Empfangschein – Quittance – Quieta
Fr. ... Ct. ...
sind einbezahlt worden von:
ont été versés par;
sono stati versati da :
Olympia
Basel
auf die Rechnung
pour le compte   No V 4328
per il conto
A. Apel
Basel
Für die Poststelle
Pour l'office de poste
Per l'ufficio postale

BUCHDRUCKEREI A. APEL - BASEL
...ENGASSE No. 15   Sämtliche Druckarbeiten für den kommerziellen und privaten Bedarf -:- Spezialität in Mehrfarbendrucke   TELEFON No. 4435

RECHNUNG   Tit Olympia, Fastnachtsgesellschaft
vom 26. Mai 1921   Basel

| 1921 | | | | |
| Mai 18. | 300 Gutscheine   2 Sorten | | | 6.50 |

Basel a. 20. März 1922.
Binningen, den

P. RUDIN, MALER
:: SPEZIALATELIER FÜR ::
:: DEKORATIONSMALEREI

Rechnung für Tit, Fastnachtsgesellschaft, Olympia Basel

		Fr.	Cts.
Bemalen der Laterne, zum liefern	fr.	500.	
Oder Koffer			
Extra Arbeiten		22.	50
4 Rahmen anfertigen lassen als	fr.	5.	50
Tuchanzeige unter der Laterne		7.	
Carton und Tuchbelag derselben		10.	
Tragbahre fliken, Bein anseken u.			
2 Entwürfe für Costüme		15.	
Modell anfertigen für Tamburen		10	
Kopfbedeckung für Vortrupp.			
...ttenmuster für Vortrupp.	Total fr.	869.50	

Basel, den 5. März

Spezialität:
Ofen- u. Kochherdarbeit
Fabrikation von
Weiß- u. Schwarzblech-Büchsen
– in allen Größen –
Ofen- und
Kochherd-Rohre

Rechnung
für
Tit Olympia
von G. Stieber, Spengler
32 Webergasse 32.

Haushaltungs-
auf Bestellu...
— OFEN —
Gas-, Wasse...
Bau-Arbei...
Reparatur...
von Email-Waren,
Sprit- und Koch-S...
werden schnellste...

Feb. 11.	100 Stück Kerzenhalter a .40	40	
12.	Tromel (Suter fr.) ein neues		
	Fell sowie Tromel in Stand gestellt		
	Tromel (Borer) dita	19	
	Tromel (Dilger) dita	19	
	Tromel (Karani) dita	19	
	Tromel (Dilger) dita	19	
März 2.	Tromel Donald rep. u. in		
	Ordnung gebracht	8.	
	Total	143.	

Obigen Betrag
Dankend erhalten
G. Stieber

Fol. ...
Gross-Basel
Hauptbureau
79 Margarethenstrasse 79
Telephon 4000 und 4001

Droschkenanstalt Keller A.-G.

Klein-Basel
Filiale
16 Drahtzugstrasse 16
Telephon 3000
Kohlenlager 4578

Postcheck V 635

Rechnung für Tit. Olympia, Basel.
Basel, den 3. April 1922.

1922				Fr.	
März 6	2spänner Landauer ½ Tag			45.	-
	2sp.			45.	-
			Fr.	90.	-

Pour acquit
Droschkenanstalt Kell... A.G

Netto comptant.

1919–1930

‹Scherbenbecher›
Geschenk zum
10jährigen Jubiläum

1919: Belastungsproben

Wegen der sozialen Unrast war auch die Fasnacht
1919 noch lange umstritten. Die Regierung hätte
sie gerne verboten, das Volk lechzte danach. Als am
27. und 28. Februar die beiden Aufführungen des
Monstre über die Bühne gingen, rechnete männig-
lich noch mit einem weiteren völlig fasnachtslosen
Jahr. Monstre-Billette waren so begehrt, dass der
Präsident den Olympern versprechen musste, die
Verteilung der Billette werde ‹diesmal besser organi-
siert›. Das Monstre, durchgeführt wie allewyl im
Küchlin-Theater, war ein besonderer Erfolg. Im
Gegensatz zu früheren Jahren hatte das Comité auf
‹Zwischenakte und Sprechrollen› (d Vorlaifer vom
Rahme) verzichtet, und das Programm bestand
ausschliesslich aus Vorträgen der Gesellschaften.
Die Olympia veranstaltete einen ‹Protestmorgen-
streich›, bei dem die Tambouren die Buren und die
Pfeifer einige Verse aus den Alten Schweizern
brachten. Stolz zitierte hernach der Schreiber aus
dem Monstrebericht der Basler Nachrichten:
«Die Monstre-Clique Olympia hat mit ihrem ‹Pro-
testmorgenstreich› für mein Empfinden den Vogel
abgeschossen. Das war kein ‹Ersatz›, das war
ächter Basler Morgenstreich mit der schönen künst-
lerisch ausgestalteten Laterne und den vielen Stek-
ken- und Kopflaternen im Halbdunkel des anbre-
chenden Morgens. Ich habe schon vor Jahren
gesagt, das Ruessen der Olympia lasse sich nicht
überbieten und jedesmal, auch heuer wieder, überbieten sie sich selber. Ihre Buren und gar ihre Tagwacht, geschlagen von 20 Tambouren, stellt das
Nonplusultra von Können dar.»
(Wele Olymper het ächt dert bi dr Zytig gschafft?)

Weniger hingerissen war die Regierung, welche die
Fasnacht untersagte. Sie tat es unter dem Druck von
Sozialdemokraten und ‹Bolschewiki›, die an der
Fasnacht zuzuschlagen drohten. Die Kommission
der Olympia erwog, ob sie sich an das Verbot halten
oder dennoch Fasnacht machen wolle. Sie bewies
Regierungstreue und beschloss zähneknirschend,
sich zu fügen, wollte sich aber doch um die Aufhe-
bung des Verbots bemühen, u. a. auf dem Weg über
eine Interpellation im Grossen Rat. Am 2. März 1919
aber trafen sich die grösseren Cliquen zu einer
Aussprache. Die Barbara schlug vor, der Regierung

zu trotzen und wenigstens den Morgestraich ungeachtet des Verbots durchzuführen. Die Mehrheit
stimmte ihr zu. Beschlossen war, um 4 Uhr gemeinsam vor dem Restaurant Greifen abzumarschieren,
auf den Marktplatz zu ziehen und von dort an getrennt weiterzumachen. Der kühne Beschluss sollte
sich bewähren, denn die Regierung gab so weit
nach, dass sie schliesslich doch noch den Morgestraich bewilligte. Im übrigen aber beharrte sie auf
dem Fasnachtsverbot.
Dem Morgestraich, dem ersten nach fünfjährigem
Unterbruch, war ein gewaltiger Erfolg beschieden.
Die Stadt wimmelte von Leuten. Die Olympia
notierte, sie habe grosse Anerkennung gefunden mit
ihren Kopflaternen für das ganze Spiel. Die Kopflaternen, welche die Olympia, wie berichtet, 1912
angeschafft hatte, seien bereits vom Centralclub
und der Barbara nachgeahmt worden. Kritisch
äusserte sich der Schreiber zur Lälli; sie trat ‹entsprechend der heutigen modernen Zeitumstürzen
mit Vorreitern und die Tambouren mit electrischen
Glühbirnen› auf, hatte dagegen keine Laterne bei
sich. Das war der Morgestraich 1919.
Am Nachmittag tummelte sich viel Volk in der Stadt,
wohl in der Erwartung von verbotenen Cliquenauf-
tritten. Die Gesellschaften hielten sich aber an das
Verbot und verzichteten auf Züge am Nachmittag.
Erst am Abend traten vereinzelte Tambourengrup-
pen, darunter auch Olymper, auf. Damit war indessen die Diskussion noch nicht beendet, sondern am
Dienstag gab es lange Debatten über die Frage, was
am Mittwoch geschehen solle. Die Olympia wollte
sich wiederum dem regierungsrätlichen Verbot beu-
gen, andere Cliquen waren dagegen. Jedenfalls
konnte am Mittwochnachmittag ‹nichts gemacht

<
Rechnungen
aus den Jahren 1921
und 1922

werden infolge scharfen Verbotes der Polizei›. Maskierte mussten ihre Larven entfernen. Die allgemeine Spannung entlud sich erst am Abend auf fasnächtlich-friedliche Weise: Es fanden überall Maskenbälle statt, über welche der Schreiber der Olympia berichtet:

«Wo nur ein grösseres Lokal war, fanden überall gut besuchte Maskenbälle statt. Wir folgten der Einladung des Fasnachtscomités zu ihrem im Casino veranstalteten Ball, nebst den ‹Kleinbasler› und dem ‹Pump-Club›. Jede Gesellschaft trat mit einem Zügchen auf, wir in Biedermeier, und war es eine schöne Gruppe, und dann hatte man vollständig freie Hand, zu treiben was man wollte, sich in ein schönes Mäskchen zu verlieben oder auch zu kosen in einem Winkel bei einer guten Flasche; auch einzelne gaben sich wacker den modernen Tänzen hin und andere schauten von dem Balkon hinunter in das farbenprächtige Treiben und Flimmern und wünschten sich, dass auch sie einmal noch die modernen Tänze erkünsteln könnten wie Freund Suter — aber gewiss alle kamen voll und ganz auf ihre Rechnung. Einzelne ganz ‹Feste› setzten den Ball noch im Café Metropol bis 7 Uhr fort, und auch für diese schlug die Stunde zum Abschiednehmen von Prinz Karneval 1918. — Möge die Fastnacht 1920 wieder eine rechte und echte Basler Fastnacht werden.»

Es ist kein Schreibfehler, dass die fasnachts- und vielleicht auch sonst trunkenen Basler vom Prinzen Karneval 1918 Abschied genommen haben, denn offensichtlich geisterten damals rheinländische Bräuche in unseren Regionen herum. Immerhin scheint auch der Chronist das geschilderte Maskentreiben als etwas unvollständige Fasnacht empfunden zu haben.

28 Tambouren, 12 Pfeifer und der Tambourmajor waren aktiv gewesen. Insgesamt war die Gesellschaft bereits auf etwa 60 Aktive — genauere Zahlen lieferte der Kassier nicht — und 90 Passive angewachsen.

Nach der umstrittenen Fasnacht 1919 folgte alsbald die Mustermesse als weitere Belastungsprobe für die Gesellschaft:

Während der Mustermesse des Frühlings 1919 wollte ein Quartiercomité (au das isch kai Erfindig vo de progressive Haimet- und Baumschitzer) abends die Gassen beleben. Zu seinem Aufgebot gehörten Blechmusiken, Handharmonikaspieler, Jodelquartette, Mandolinenvereine, Turner und auch sämtliche Fasnachtsgesellschaften. Die Olympia war ob dieser Betriebsamkeit alles andere als begeistert, glaubte aber, nicht absagen zu können. Denn sie hatte, weil sie am Fasnachtsmittwoch der Obrigkeit gehorcht und nicht offiziell mitgemacht hatte, von anderen Gesellschaften ‹nicht gerade die feinsten Kosenamen erhalten› und wollte sich nicht nochmals unbeliebt machen. Während der Mustermesse sollte nun an einem lauen Maienabend um 21 Uhr ein Morgestraich in Kostümen zelebriert werden (do isch jo d Summerfasnacht vo dr Grien 80 non e harmlos Dräggli gsi drgege!). Die Regierung aber wartete wieder einmal mit einem Verbot auf, und zwar verbot sie diesmal die Kostümierung. Die Larven stachen den Regierungsräten in die strengen Nasen, weil sie im Zusammenhang mit dem Generalstreik maskierte Angriffe auf die Staatsgewalt befürchteten. Zum Kostümverbot kam hinzu, dass alle mitwirkenden Gesellschaften 200 Franken als Unkostenbeitrag erhalten sollten. Davon wäre die Hälfte ausbezahlt und die Hälfte als Haftgeld für den Fall verbotenen Trommelns nach der Trommelpolizeistunde deponiert worden. Das fanden die Herren Olymper beleidigend, hatten sie doch seit der Gründung anstandslos alle derartigen Bussen bezahlt und sich dadurch über hinreichende Solvenz ausgewiesen. Für und Wider des Auftritts waren Gegenstand einer heftigen Debatte an einer Gesellschaftssitzung, nach welcher ein leicht lädierter Schreiber den Wunsch notierte:

«Möge der Kontakt, der an diesem Abend von seiner Stärke etwas verloren hatte infolge der Diskussion, in unserer Olympia bald wieder in alter Stärke vorhanden sein, zum Nutzen und Frommen unserer lieben Gesellschaft.»

Aber welcher Fasnachtsgesellschaft täte nicht von Zeit zu Zeit ein reinigendes Gewitter gut! Auch die Olympia hat am Basler Tag der Mustermesse, abgehalten am 3. Mai 1919, dann doch mitgewirkt bis zum erfolgreichen Zapfenstreich. Um 22 Uhr abends brach allerdings ein wirkliches Gewitter los und trieb das Festvolk in die Wirtschaften. Befriedigt hielt der Schreiber fest, die Olympia sei noch lange im gemütlichen Freundeskreis zusammengesessen, womit offensichtlich der Kontakt zu seiner Zufriedenheit wiederhergestellt war.

Carl S. Baumgartner und Hans A. Suter

An der Gesellschaftssitzung des Jahres 1919 wählte die Olympia Carl Samuel Baumgartner zum Präsidenten. Er war als Tambour praktisch seit der Gründung Olymper, wirkte seit 1911 in der Kommission mit und brachte der Olympia als Gesellschaftsbruder der Drei Ehrengesellschaften und E. E. Zunft zu Safran sowie als Turner und als Mitglied der Liedertafel alle die Beziehungen mit, die für sie damals bedeutend waren und es zum Teil heute noch sind. Jahrzehntelang war Baumgartner einer der führenden Köpfe der Olympia, wenn nicht immer im Rampenlicht, dann umso kraftvoller als graue Eminenz. Sein Präsidium war zwar von kurzer Dauer. Bereits im Sommer des folgenden Jahres rügte ein anderes Kommissionsmitglied, Baumgartner komme seinen ‹Pflichten und Rechten nicht zur Genüge› nach und er sei zu autokratisch. Er muss in der Tat mehr Sinn für gesunde Autorität als für den zarten Umgang mit ehrsüchtigen Kommissions- und Gesellschaftsmitgliedern gehabt haben (und so sympathischi Lyt sin bekanntlich nit die ideale Verainspresidänte). Baumgartner wurde dennoch von der Kommission zur Wiederwahl vorgeschlagen und von der Gesellschaft dem Gegenkandidaten Hans A. Suter vorgezogen. Im März 1921 ersetzte ihn dann Adolf Huber. Baumgartner wurde Schreiber und würzte — leider wieder nur für kurze Zeit — die Proto-

kolle mit träfen Glossen. Als Adi Huber seinerseits ein Jahr später Hans A. Suter Platz machte — Huber fühlte sich von Baumgartner gekränkt — und als gleichzeitig auch noch der Kassier demissionierte, protokollierte Baumgartner lakonisch: «mit der Begründung, dass ihm die Weiterführung des Amtes stinke. Wiederbelebungsversuche scheinen wenig Aussicht auf Erfolg zu haben.» Baumgartner gehörte damals zusammen mit Suter zum sogenannten ‹Generalstab›, einem Kern von Olympern der Gründerzeit, deren Meinung ausschlaggebend war und denen man vorübergehend vorgeworfen hatte, die Vorherrschaft auszuüben. Die Meckerer waren aber wie üblich nicht bereit, selbst die Verantwortung zu übernehmen, was anfangs der Zwanziger-Jahre zu einem ständigen Kommen und Gehen von Präsidenten führte. Zu dieser Unruhe beigetragen hat das Problem, den Nachwuchs, der sich während des Ersten Weltkrieges gestaut hatte, in die Gesellschaft zu integrieren — ein Problem, das sich nach dem Zweiten Weltkrieg wiederholen sollte.

Carl S. Baumgartner aber bleibt als eine der markantesten Persönlichkeiten der Olympia zu würdigen. Bis er sich 1946, nach 32 Jahren ohne Unterbruch, aus der Kommission zurückzog, war er an der Entwicklung und Prägung der Olympia massgebend beteiligt. Sicher nicht weniger verdankt sie aber auch Hans A. Suter. Abgesehen von seinen kurzen Auftritten als Präsident, von der jahrzehntelangen Mitarbeit in der Kommission und vom Einfluss, den auch er auf die Entwicklung der Gesellschaft gehabt hat, hat er als Trommelinstruktor Hervorragendes geleistet. Er hat, zusammen mit seinen Nachfolgern, den Stil geprägt, der sich bis heute als ‹Olympertrommeln› erhalten hat. Unter seiner resoluten Führung erarbeiteten und hielten die Tambouren ein allezeit anerkanntes und beachtetes Niveau, und gleichzeitig hatte er wesentlichen Anteil an der gründlichen Schulung des Nachwuchses. Bemerkenswert ist, dass der von ihm geprägte Trommelstil ihn überlebt hat. Im Sinne echter Tradition ist er von allen nachfolgenden Instruktoren weitergepflegt worden. Carl S. Baumgartner und Hans A. Suter wurden 1946 zu Ehren-Olympern ernannt mit der alles aussagenden Begründung, sie gehörten ‹zum Fundament der Gesellschaft›.

Bümmel und Bälle

Doch noch einmal zurück zum ereignisreichen Jahr
1919:
Am 13. Dezember feierte die Gesellschaft an einem
Familienabend mit etwas Verspätung ihren 10. Geburtstag. Erneute Differenzen mit den Pfeifern hatten gerade noch rechtzeitig beigelegt werden können. Wohlvorbereitet durch einen eigens für den
Jubiläumsball durchgeführten, gut besuchten Kurs
für moderne Tänze ‹bei Frau Ballett-Instr. Wahl›,
begingen die Olymper mit ihren Gemahlinnen und
anderen Schätzen den feierlichen Familienabend.
Paul Koelner hatte einen Rückblick auf die Taten der
ersten zehn Jahre ausgearbeitet. Für weitere Unterhaltung sorgten ein Gesangsquartett und der damals sehr populäre Humorist Jochem Schneider.
Dann trug Pfeifer Carl Braig—zusammen mit seinem
Bruder einer der besten Pfeifer jener Zeit — als
Bajazzo einen Prolog, ‹ein prächtiges Fastnachtsge-
dicht im Basler Dialekt›, vor und leitete damit über
zum absoluten Höhepunkt des Abends, einem um 2
Uhr morgens zelebrierten Morgestraich.
Dass die Olymper am Vorabend der Roaring Twen-
ties ihr Jubiläum mit einem Ball begingen, soll
niemanden erstaunen. Festliche Bälle gehörten zu
den selbstverständlichen, allgemein beliebten Höhe-
punkten des geselligen Lebens. Die Olympia hat in
den folgenden Jahren regelmässig einen begehrten
Olymperball veranstaltet und dazu befreundete Ver-
eine und Gruppen eingeladen; 1923 z. B. erwies sie
dem Fasnachtscomité, der Feldmusik, den Turnver-
einen Amicitia und Kleinbasel, dem Stadtturnverein,
dem Quodlibet, dem Wurzengraberkämmerli, der
Mandolinata und dem Lesezirkel Hottingen die Ehre.
Als sie in späteren Jahren einmal aus Kostengründen
auf den eigenen Ball verzichtete, bot sie ihren Leuten
als Ersatz die Teilnahme am Ball der Dramatischen
Gesellschaft an. Auch mit den Drei Ehrengesellschaften verhandelte die Olympia über gemeinsame
Maskenbälle, und dem Wurzengraberkämmerli verdankte sie nicht nur Balleinladungen, sondern sogar
solche zu Wurzengrabertanzkursen (dert hätte die
Drei Ehregsellschafte d Grossrotspresidäntene wenigstens an Masgge-Ball kenne ylade!). Die Olymperbälle waren jeweils recht aufwendige Veranstaltungen. Einer stand unter dem Motto ‹Veneziani-
sche Nacht›. 1923 richtete die Gesellschaft im Café

Spitz eine chinesische Teestube ein, in welcher Tee und Likör ausgeschenkt wurden.

Das Programm sah einen Eröffnungsmarsch des Orchesters, einen Prolog, einen Orchestervortrag, humoristische Einlagen von Jochem Schneider, einen Trommelvortrag, einen Auftritt der Pfeifer und einen Schnitzelbangg vor. Dazu kamen Prämierungen für das Intrigieren, ‹für die originellsten Masken und für eine witzige Kopfbedeckung›. Jedermann konnte sich ferner für 50 Rappen an einem Wettbewerb beteiligen, bei welchem es galt, die Zahl von Bohnen, mit denen ein Glas gefüllt war, zu erraten; der Sieger erhielt ein Teeservice. Und schliesslich wurden Papiermützen verkauft, ‹um etwas Geld noch nebenbei einzubringen›. Die Einladungskarten

hatte Charles, damals noch Karl genannt, Hindenlang entworfen und auf Stein gezeichnet. In letzter Minute mussten für die Kommission noch sechs originelle Mützen besorgt werden. Der Erfolg des Balles war überwältigend.

Auf Kopfbedeckungen legte man übrigens allgemein grossen Wert (wär het do ebbis gsait vom Huet am Vogel Gryff?): Auch vor einem früheren Ball hatte ein Kommissionsmitglied zu Protokoll gegeben, der Abend solle ungezwungen sein; ‹einige Kopfbedeckungen und ähnliche komische Sachen werden sicher den nötigen Humor auftreiben›. Einmal hatte man sogar erwogen, Papierhüte für die Gesellschaftssitzungen anzuschaffen, damit die Atmosphäre etwas aufgelockert würde; diese Anregung wurde aber verworfen. Zur Abwechslung wurde dafür bisweilen gesungen. So ist überliefert, dass die Generalversammlung von 1920 mit dem gemeinsamen Gesang von ‹Brüder lagert Euch im Kreise› beschlossen wurde.

Geselligen Veranstaltungen war in jenen Jahren allgemein grosses Gewicht beigemessen. Herren- und Familienbümmel führten zu allen Jahreszeiten in alle Gegenden rund um Basel, und Familienabende wurden zwar häufiger beschlossen als durchgeführt, durften aber doch in keinem Jahr fehlen. 1921 wurden, abgesehen vom regulären Bummel an einem der Sonntage nach der Fasnacht, ein Frühlingsbummel nach ‹Ober-Tegernau im schönen Wiesenthal›, eine Bergtour im Sommer, ein Picknickbummel, ein Herbstbummel und schliesslich noch ein Familienabend durchgeführt. Um einen anderen Bummel in dieser Zeit entspann sich eine längere Diskussion. Die sparsamen Olymper hatten die Kostüme für die vergangene Fasnacht von Frauen und Schwestern und deren Bekannten nähen lassen und wollten sich für die Fronarbeit in geeigneter Weise erkenntlich zeigen. Die Kommission besprach, ob ein ‹gediegenes Schreiben› oder ein Geschenk am Platz sei. Schliesslich befand man eine Einladung der emsigen Näherinnen zu einem Familienbummel für das Richtige. Weil dann aber doch die Mehrheit einen Herrenbummel vorzog, beschloss man, sich den Damen ‹später› dankbar zu erweisen. Dass die Dankbarkeit schliesslich ganz vergessen wurde, war Pech für die Damen, doch kann zu deren spätem Trost berichtet werden, dass diese Vergesslichkeit dem Präsidenten eine herbe Rüge eintrug (und schliesslig isch es au ohni Dangg ebbis Scheens, wenn me sym liebe Ma darf s Goschdym naje). Im folgenden Jahr wurde dann ein Kredit von 20 Franken pro Näherin bewilligt, und jede erhielt einen Metallaschenbecher zum Preis von 18 Franken pro Stück. Bedenkt der liebe Leser, dass der Jahresbeitrag damals noch einen Fünfliber betrug, so wird er ob der Grosszügigkeit der Olympia ehrfürchtig staunen (und d Olymper hän gwis e Saufraid gha an däm Äschebächer, wo ihri Fraue und Schwestere fir si biko hän …).

Zu den geselligen Anlässen kamen über das ganze Jahr verteilt Auftritte der Tambouren und Pfeifer. An 1. August- und St. Jakobs-Feiern trat die Olympia entweder selbst auf oder sie delegierte Gruppen an

Dankschreiben
mit einer Zeichnung
von Otto Plattner

die Drei Ehrengesellschaften und an E. E. Zunft zu Safran, mit welcher sie ebenfalls seit der Gründung eng verbunden war und deren Zunftspiel sie seit 1922 regelmässig stellte. An Turn- und Schützenfesten, an Auslandschweizertagen und ähnlichen Veranstaltungen nahmen Delegationen der Olympia teil. Seit 1922 waren aber, auf Veranlassung des Fasnachtscomités und aus eigener Einsicht, Bestrebungen im Gange, das Trommeln unter dem Jahr abzubauen. Wiederholt diskutierte die Kommission, ‹ob man während des ganzen Jahres bei jeder Gelegenheit trommeln solle›. Getrommelt wurde schliesslich nur bei ausgesuchten Gelegenheiten und damit immer noch häufig genug, und zudem vermied man möglichst jede Publizität, besonders die Erwähnung in der Presse (und aimol meh: au das isch kai nej Problemli).

ALBERT SCHETTY

BASEL,
CLARAPLATZ 3

6 Januar
1923

Herrn Hans A. Suter

Praesident der Fastnachtsgesellschaft

Olympia   Basel

Sehr geehrter Herr!

Sie haben mir durch die Uebersendung

der hübschen Scheibe u. die Ernennung

zum Ehrenmitglied Ihrer Gesellschaft

große Freude bereitet.

Empfangen Sie hiefür meinen

herzlichen Dank.

Fahren Sie auf dem betretenen

Weg getrost weiter, dann werden

Sie stets mit Befriedigung auf

einen vollen Erfolg rechnen können.

Nochmals herzlichen Dank u.

freundliche Grüße   Ihr ergebener

Albert Schetty

Fastnachts-Abend

der

„OLYMPIA"

Samstag, den 23. Febr. 1924, abends 8 Uhr

im

Café Spitz.

PROGRAMM:

1. · HEAVENS ARTILLERY · Eröffnungsmarsch . . J. Lincoln
2. PROLOG . . . .
3. PFEIFER-VORTRAG
4. · LE SHEIK · dans l'immence Sahara . . . . Ted Snyder
5. D'r JOCHEM · e glungene Chaib · . . . .
6. TROMMEL-VORTRAG
7. VARIÉTÉ OLYMPIA
   · HORS D'OEUVRES DE STRASBOURG ·
   (unter gefl. Mitwirkung internat. Variétékräfte
   Conférencier: · E BASLER SCHNURRE · . . .
8. · UND ZUM SCHLUSS · Fox-Lied . . . . Hugo Hirsch
9. THEATER:
   · DIE WIESCHTI NASE ·
   (e Masgeschärz in 1 Act) . . . . junge Garde
10. · BLOWING BUBLES · Boston-Lied . . . . Kenbrovin
11. SCHNITZELBANK . . . .

Programmänderungen vorbehalten.

Preistrommeln

Weitere gesellschaftliche Ereignisse, die nicht unerwähnt bleiben dürfen, waren die Preistrommeln. Neben dem offiziellen Preistrommeln des Fasnachtscomités gab es in mehr oder minder grosser Zahl Trommelkonkurrenzen, die von den einzelnen Gesellschaften oder von mehreren gemeinsam zusammen mit den Wirten organisiert wurden. Die Initiative dazu ging meist von einem Wirt aus, der für einen Abend seine Säle gefüllt sehen wollte (die gscheitere Wirt hän ebe gwisst, wär e guete Durscht het, und dorum d Clique pflägt). Die Olympia hielt immer wieder solche Preistrommeln ab und beteiligte sich mit Erfolg an denen anderer Gesellschaften, vorab bei den Vereinigten Kleinbaslern, den Alten Stainlemern und der Lälli. Obwohl es sich erst in den Dreissiger-Jahren abspielte, gehört das folgende hübsche Geschichtlein hierher:

Einer der Gründer, seines Zeichens Wirt, war glücklicher Besitzer eines Sohnes namens Mix, der nicht weit vom Stamm gefallen war. Er zerlegte mit vier Jahren am Monstre solo die Tagwacht-Streiche! Mix wollte sich nun in seinen Jünglingsjahren einmal an einem Preistrommeln beteiligen. Der Vater fand, er solle zuerst ihm vortrommeln. Gehorsam, wie Söhne damals noch waren, tat Mix also. Emil sen. sagte: «Lehr zerscht emol rächt drummle» und befahl den Sohn statt ans Preistrommeln in die Küche. Im Verlauf des Abends schlich Mix unbemerkt weg, lieh sich die Trommel eines Freundes aus, ging rasch ans Preistrommeln und war wenig später wieder an der Arbeit in der väterlichen Wirtschaft. Gegen 23 Uhr gratulierten dann Freunde dem Vater zum ersten Sieg des Sohnes. Der Vater liess Mix antreten und fragte: «Isch das wohr?» Mix: «Jo.» Vater: «Das sin alles Schofseggel in dr Jury.» Was aber nicht hinderte, dass der Vater seinen Gästen stolz die Trophäe des Sohnes, eine kleine Lacktrommel, zeigte.

Mühe mit Musensöhnen

All das darf nun aber nicht den Eindruck erwecken, Höhepunkt des Gesellschaftsjahres sei je etwas anderes gewesen als die Fasnacht. Sie war 1920 endlich nicht mehr verboten. Wegen der Grippe-Epidemie musste sie aber von der Obrigkeit verschoben werden, und zwar um volle drei Wochen. Obwohl jedermann für den Grund der Verschiebung Verständnis aufbringen musste, bedauerte man sie doppelt. Einerseits waren die Fasnächtler zum ersten Mal seit Menschengedenken gezwungen, den Morgestraich zu spät zu zelebrieren. Andererseits fürchteten kirchliche Kreise für die Passionszeit; sie hätten auf die Fasnacht am liebsten verzichtet. Sie fand aber am 22. und 24. März statt, und es wurde mitgeteilt, sie sei dem Fasnachtscomité übertragen, das sich bemühen wolle, eine ‹Fasnacht durchzuführen wie in früheren Friedensjahren›. Die Barbara allerdings wünschte eine einfachere Fasnacht mit mehr Witz und weniger teuren Laternen. Die Olympia beschloss 1920 auf Antrag ihrer Kommission, das Verhältnis von Basel zur Bundesstadt ‹föderalistisch aufgezogen› auszuspielen. Ihre Laterne malte noch einmal Dürrwang. Er hatte zwar zunächst abgesagt, worauf die Kommission ‹aufgrund guter Empfehlung› einen jungen Maler namens Niklaus Stoecklin anfragte. Er war noch jahrelang immer wieder als Laternenmaler im Gespräch, hat aber doch nie für die Olympia gemalt. Nach Dürrwang kam für zwei Jahre Paul Rudin, und dann folgte, ab 1923, eine Serie von fünf Hindenlang-Laternen. Karl Hindenlang war ein jüngerer Tambour der Olympia, den man wohlwollend berücksichtigte, ohne zu ahnen, dass er sich in wenigen Jahren zu einem der ganz grossen, wenn nicht zum grössten Laternenmaler entwickeln sollte. Er war es auch, der die künstlerische Gestaltung des ganzen Zuges aufbrachte und Kostümskizzen vorlegte. Hindenlang war die Ehre, die Olymperlaterne malen zu dürfen, erst nach langwierigen Abklärungen zugefallen. Die anfangs 1923 vorliegenden Skizzen seiner Konkurrenten wurden für zu wenig witzig befunden. «Dagegen sind diejenigen von Hindenlang eventuell sehr zu begrüssen.» Es wurde festgestellt, seine bisherige Arbeit hinterlasse einen sehr guten Eindruck und er habe auch keine weitere Laterne zu bearbeiten. Es sei daher kaum anzunehmen, ‹dass derselbe unsere Laterne nicht mit Witz und Kunst zu bemalen wüsste›. Und schliesslich erwog man, Hindenlangs Wahl werde von Nutzen sein, ‹um nicht jedes Jahr diesen Künstlern nachspringen zu müssen und wir hoffen gerne, ein liebes Mitglied wie auch einen meisterhaften Künstler gewonnen zu haben›. Für seine ganze Arbeit durfte

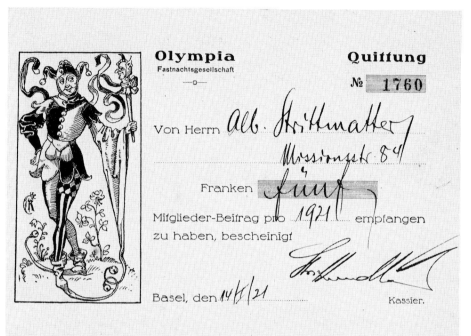

ein Künstler wie Hindenlang mit einer Entschädigung von etwa 800 Franken rechnen. Die Minne zwischen Gesellschaft und Maler wäre ungetrübt gewesen, wenn Hindenlang nicht immer wieder Mühe mit Terminen und Fristen bekundet und damit die Kommission nervös gemacht hätte. So musste die Kommission vor der Fasnacht 1924 beschliessen: «W. Hildenbrand wird beauftragt, unsere Laterne zu beaufsichtigen, d.h. soll den Maler stets unter Kontrolle halten, damit dieselbe rechtzeitig fertig wird.»

Sie war immer zur Zeit fertig, und das heisst: am Sonntag vor dem Morgestraich, wenn die Gesellschaft sich traditionsgemäss gegen Abend im Restaurant Paradies, in der Nähe von Hindenlangs Atelier, besammelte, um die Laterne beim Maler abzuholen.

Die Zeedel jener Jahre stammten von Paul Koelner und anderen, 1921 von Emil Beurmann, der im gleichen Jahr auch für die Laternenverse sorgte. 1927 begann dann die lange und glänzende Ära von Theobald Baerwart. Für die Kostüme hatte man die Lösung gefunden, sie von Schneidermeister Vest zuschneiden und von Angehörigen nähen zu lassen. Die lieben Angehörigen scheinen sich aber nicht

allzusehr um die Ehre gerissen zu haben (Kunschtstigg no däre Äschebächergschicht), und Mitte der zwanziger Jahre ging die Gesellschaft wieder dazu über, die Kostüme fertig nähen zu lassen. Olympern, die Mühe hatten, das Kostüm zu bezahlen, erliess die Kommission den Preis ganz oder teilweise (hitte macht me so Sache diskreter).

Fasnacht reihte sich so an Fasnacht im damals ebenso flexibel-festen Rahmen wie heute. Die Olympia nahm es befriedigt zur Kenntnis, wenn ihr vom Comité eine Spitzensubvention — rund 1600 bis 1800 Franken — zuerkannt wurde, und sie stieg 1920 auf die Barrikaden, als eine andere Gesellschaft 100 Franken mehr erhielt. Sie freute sich, wenn sie die Plaketten in grosser Zahl absetzen konnte, und sie ärgerte sich, als nach der Fasnacht 1921 noch eine Schachtel mit 200 Stück solcher ‹Embleme› zum Vorschein kam, die sie aus dem eigenen, ziemlich leeren Sack berappen musste. Sie besichtigte 1924 stolz sich selbst auf einem vom ehemaligen Tambourmajor Jehle aufgenommenen Zugsfilm, und sie hatte 1923 dem Comité die ernste Situation zu unterbreiten, dass die Basler Mittwoch-Gesellschaft das gleiche Sujet — die ‹Vermögensabgabe› — angemeldet hatte. Das alles hinderte sie aber nicht, Jahr für Jahr einen stattlichen Zug auf die Strasse zu stellen.

Gärungs- und andere Prozesse

Soweit wäre alles in bester Ordnung gewesen, und die Olympia hätte sich in ihrem zweiten Jahrzehnt unbeschwert entwickeln können. 1923 hatte sie einen Bestand von vier Ehrenmitgliedern, 72 Aktiven und 212 Passiven.

Doch sie hatte einige interne Probleme zu bewältigen. Wie erwähnt, machte die Integration der jüngeren Mitglieder, welche nach dem Weltkrieg zur Gesellschaft gestossen waren, Mühe. Ärger noch war der ständige Ärger mit den Pfeifern.

Mit den Jungen hatte es die folgende Bewandtnis: Bereits 1910 hatte Herr Rudin, der Sigrist der Elisabethenkirche, eine Clique aus Trommelschülern gebildet und sie ‹Elsbethen-Clique› genannt. Diese Gruppe machte von 1911 bis 1914 Fasnacht. Im Januar 1912 teilte der Präsident der Olympia seiner Kommission mit, die letztjährige Elsbethen-Clique übe zweimal wöchentlich, ‹um einst als gute

Tambouren aus dieser Akademie hervorzugehen›. Er wies darauf hin, dass die Lälli und die BMG eigenen Nachwuchs zögen, und schlug vor, der Elsbethen-Clique, zu der ohnehin schon nahe Beziehungen bestünden, zu gestatten, sich künftig ‹Jüngere Olympia› zu nennen. Von ‹Jungen Garden› war damals noch nirgends die Rede, auch der Nachwuchs anderer Gesellschaften bezeichnete sich als ‹Jüngere Lälli› usw. Dem Vorschlag des Präsidenten wurde zugestimmt, mit der ‹Jüngeren Olympia› wurde die Vorläuferin der Jungen Garde geschaffen, und die Kommission gab der Hoffnung Ausdruck, ‹die Knaben würden dem Namen Ehre machen›. Was sie dann durchaus taten.

1919, nach dem Krieg, gingen zwei der insgesamt neun Tambouren der Jüngeren Olympia an die Gründung der Alten Glaibasler, während die verbleibenden sieben in die Olympia eintraten. Die Jüngere Olympia hörte damit vorläufig zu existieren auf; die Trommelschüler — 1919 waren es elf — und die Pfeiferschüler — 1919 waren es fünf, ein Jahr später gar nur noch zwei, und 1924 war die Pfeiferschule mangels Interessenten ganz eingegangen (als schwache Troscht fir dr Obma vo dr Junge Garde vo hit brichte mr iber das trieb Kapitel) —, Trommel- und Pfeiferschüler also bildeten zwar gegen etwelche Widerstände vorübergehend nochmals eine Jüngere Olympia, doch ab 1925 finden wir sie bei der Märtplatz-Clique. Erst 1934 sollten sie sich wieder als ‹Jüngere Olympia› und 1938 als ‹Junge Garde› formieren. Die Trommelstunden fanden übrigens Dienstag und Freitag von 17.15 bis 20 Uhr statt, und die Kurskosten betrugen 15 Franken für die ersten zwei Klassen und 10 Franken für die dritte. Brüder kamen in den Genuss von Mengenrabatt und bezahlten 20 Franken pro Paar. Und bereits 1921 führte die Olympia ein eigenes Postcheckkonto auf den Namen ‹Trommelschule Olympia› (ob vyl druf gsi isch, wisse mr nimme).

Das war der Nachwuchs, von dem etwas viel auf einmal nach dem Weltkrieg in den Stamm eintrat und ihm dadurch leises Bauchgrimmen verursachte.

Wesentlich mehr zu schaffen machten der Gesellschaft die Pfeifer:

Schon am Trommelkonzert 1918 hatten die Pfeifer unter Führung ihres streitbaren Instruktors Karl Roth Schwierigkeiten gemacht. Streitgegenstand war hauptsächlich Roths Urheberrecht an seinen Mär-

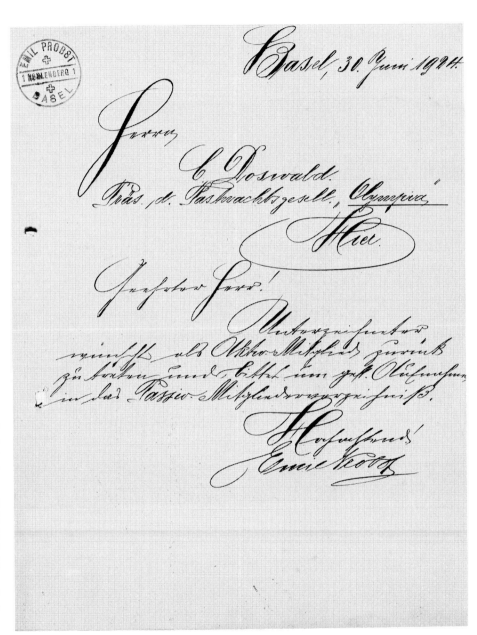

schen. Immer wieder berichtete dann der spätere Präsident Ernst Plattner über die ‹miese Lage bei den Pfeifern›. Roth gab im Unfrieden seinen Austritt. Als 1920 zwei Pfeifer aus der Kommission zurücktreten wollten, bat man sie, die Sache zu bedenken, da ohnehin bei ‹neidischen anderen Gesellschaften Gerüchte über schwere Krisen der Olympia zirkulierten›. Wohl waren im Juni 1920 acht Pfeifer des Centralclubs, ‹der kurz nach der Fasnacht auseinandergegangen sei› (zem Gligg nit ändgiltig!), zur Olympia gestossen, doch musste die Kommission im Sommer 1921 erneut beschliessen, nochmals mit allen Pfeifern zu reden; sie sprach mit Bedauern vom ‹Rücktritt der Gruppe innert den zwei letzten Jahren; man soll bemüht sein, neue rechte Leute zu finden›. Im Herbst 1922 stellte sie dann fest: «Es verlautet, dass die abtrünnigen Pfeifer Neigung verspüren sollen, zu uns zurückzukehren. Je nach den Personen sollen solchen die Türen nicht verschlossen werden.»

Die Pfeifer waren noch während Jahren Sorgenkinder, und erst anfangs der Dreissiger-Jahre war endgültig eine starke und zuverlässige Gruppe aufgebaut. Doch davon später.

Zur Aufheiterung des lieben Lesers nach so ernsten Geschichten wollen wir hier nur noch berichten, wie es mit den Urheberrechten von Karl Roth weitergegangen ist. Die Olympia hatte auch nach seinem Austritt den Tango und andere seiner Märsche im Repertoire. Roth verlangte dafür eine Entschädigung. Nachdem er zuerst pauschal 100 Franken pro Jahr gefordert hatte, ging er gelegentlich auf 30 Franken pro Marsch und Jahr über. Man einigte sich nicht. Roth klagte. Im Herbst 1926 berichtete der Präsident, die Sache sei nun in den Händen der Advokaten. Die olympischen Interessen wahrten die Herren Dr. Wellauer und Dr. Knittel. Umstritten war vor allem Roths Behauptung, auch die Trommeltexte stammten von ihm. Die Olympia bestritt, dass er überhaupt trommeln könne. Es kam zur Gerichtsverhandlung. Wegen der Trommeltexte regte Carl Baumgartner an, Roth solle sie doch dem Gericht einmal vortrommeln; er leihe ihm gerne die zu diesem Zweck mitgebrachten Trommelschlegel. Doch der Gerichtspräsident entschied so souverän, wie sich das für einen Nachfolger des Königs Salomon geziemt: «Wenn dr Herr Roth sait, er kenn das drummle, drno glaub i em das.» Dennoch wurde

schliesslich der Fall zugunsten der Olympia erledigt. Später erwarb sie sich das Recht auf Roths Märsche durch den Ankauf der Noten (wie das aständigi Clique allewyl mache). Dr. Wellauer erhielt für seine Bemühungen in Sachen Karl Roth / Fasnachtsgesellschaft Olympia eine von Spenglermeister Otto Stieber angefertigte kleine Trommel. Damit war die Geschichte erledigt, und was erhalten bleibt, sind die wunderschönen Märsche von Karl Roth, die heute noch in jedes rechte Repertoire gehören.

Von Präsident zu Präsident

Die Gesellschaft liess sich, der Leser weiss es schon, zu Beginn der zwanziger Jahre von munter wechselnden Präsidenten führen. Adolf Huber, der das Amt 1921 von Carl S. Baumgartner übernommen hatte, machte bereits 1922 Hans A. Suter Platz. Diesem war die Last ein knappes Jahr später zu gross. Im März 1923 ward Carl Doswald zum Präsidenten erkoren. Er hängte die Bürde im Januar 1924 erneut an den Rücken von Suter, der unterdessen zu neuen Kräften gekommen zu sein schien. Doch an der Schlußsitzung vom 4. April 1925 gab Suter sein Amt, ‹welches er nur vorübergehend angenommen hatte, wieder an Carl Doswald zurück›. Und am 31. März 1926 wurde schliesslich der Pfeifer Ernst Plattner gewählt. Es wird zwar noch über zahlreiche ‹definitive Rücktritte› von Plattner und über lange Sitzungen, an denen er überredet wurde, wenigstens noch für ein Jahr weiterzumachen, ferner auch über verschiedene ganz kurze Gastspiele anderer Präsidenten zu berichten sein — Tatsache ist aber, dass Plattner das Zepter praktisch ununterbrochen geschwungen hat bis 1946. In ihm hat die Olympia den Mann des Ausgleichs gefunden, der alle Richtungen, Gruppen und Grüpplein mit diplomatischem Geschick und klarem Willen, mit fleissiger Kleinarbeit und mit umfassender Überzeugungskraft zusammenzuführen und zusammenzuhalten vermochte (Integrationsfigur kennt me em sage, wenn me in ere Chronik iber e Clique so gschwulle rede derft).

Eine Fasnachtsgesellschaft lebt zwar von herausragenden Pfeifern und Trommlern, von spritzigen Individualisten und wilden Phantasten, sie lebt von all den geselligen, eckigen, lärmigen, biederen, fanatischen, trägen, aufbrausenden, stillen, dröh-

‹Wenni deene due,
d Schnaigge zue
und Rueh!›

nenden, von melancholischen und lachenden, von harten und von zarten Gestalten — aber auf die Dauer bestehen kann sie nur, wenn sie immer wieder zur rechten Zeit den Mann findet, welcher dieses Sammelsurium auseinanderstrebender Kräfte antreten lassen kann, um es auszurichten und zu führen. Die Olympia hatte in ihren 75 Jahren zweimal das Glück, angesichts beträchtlicher Zerfallserscheinungen Präsidenten mit einem ungewöhnlichen Mass an Geschick und Ausdauer zu finden. Der erste war Ernst Plattner. Er kam für die Gesellschaft ohne Zweifel zur rechten Zeit, und sie verdankt ihm Zusammenhalt und stete Entwicklung bis zum Ende des Zweiten Weltkriegs. Zunächst jedoch hatte sie mit ihm die Wirtschaftskrise durchzustehen.

Von Zürich bis Liestal

Bevor wir indessen von den Auswirkungen schwerer Zeiten auf die Gesellschaft reden, seien noch einige Szenen aus leichterem Stoff eingeblendet (Gottseidangg, s het e fang a fo teene wie an ere Abdanggig!):
Im Jahr 1926 widerfuhr der Olympia die Ehre, zur Teilnahme am Sechseläuten eingeladen zu werden. Es sollten an das Sechseläuten vom 19. April 1926 zwei Gruppen von je neun Tambouren und sechs Pfeifern abgeordnet werden. Geführt wurden die

beiden Gruppen von den Tambourmajoren Duri Hasler — er war Tambourmajor bis in die Mitte der Dreissiger-Jahre und bleibt in Erinnerung wegen seiner kunstvollen Stockführung und seiner präzisen Kenntnis aller Märsche — und Ruedi Heusser. Für den Abend war ein gemütliches Zusammensein mit den gastgebenden Zünften, von denen jede einen Zinnteller erhielt, vorgesehen. Obwohl die Meinungen darüber, ob man überhaupt an derartigen Lustbarkeiten anderer Städte und gar am Sechseläuten in Zürich teilnehmen solle, durchaus geteilt waren, schien gegen das Argument, die ganze Reise koste wenig und zudem sei das Essen gratis, kein Kraut gewachsen zu sein. Mit Trommeln und Pfeifen zog die Olympia gen Zürich. Von etwas gedämpftem Überschwang zeugt dann aber das Protokoll der nächsten Kommissionssitzung:
«Der Präsident gab in kurzen Worten Bericht über den Verlauf des Festes, und in der darauf folgenden Diskussion wurde allgemein die Meinung geäussert, dass unter ähnlichen Umständen an keinem solchen Feste mehr teilgenommen werden sollte. Der Marsch war entschieden zu lang, währenddem der Abend besonders bei der Zunft Wiedikon als gelungen bezeichnet werden konnte. Der mitgebrachte Zinnteller verfehlte da auf alle Fälle seine Wirkung nicht.»
(Was d Zircher iber d Olympia gsait hän, stoht laider niene.)

46

1924
Sujet ‹dr Keenig
vo Rieche›
Zugsfoto im Hof des
Clara-Schulhauses

Wie weit auch sonst die freundeidgenössischen Beziehungen gingen, beweist die Faschingszunft Thun, die sich einige Jahre später um die Passivmitgliedschaft beworben und einen Beitrag von 20 Franken gezeichnet hat. Ihr Gesuch scheint einige Verwirrung ausgelöst zu haben, doch fand man keinen Grund, ihr abzusagen. Eher noch zeigte die Olympia sich zurückhaltend, wo Politik im Spiel war. So hat sie einen vom nationalen Block abgehaltenen Zapfenstreich gemieden, weil sie sich politisch neutral verhalten und jedenfalls in keiner Weise politische Propaganda machen wollte. Dazu kam bei dieser wie bei anderen Gelegenheiten das erwähnte Ersuchen des Comités, ‹während des Jahres sowe-

nig als möglich an öffentlichen Veranstaltungen teilzunehmen›.

Nicht öffentlich und daher willkommen waren dagegen die eigenen Bümmel, über die wir hier nochmals berichten können. Ihre Vorbereitung, vor allem die Auswahl des Menüs, nahm immer reichlich Zeit in Anspruch. Das Ziel wurde meist wegen des Essens und selten wegen landschaftlicher Reize der Gegend angepeilt. Dementsprechend berichten die Schreiber am ausführlichsten über Preis, Umfang und Qualität des Mahls. Woraus der im Rössli zu Benken einst genossene ‹Dilettanten-Frass› bestand, ist leider nicht verzeichnet, wohl aber, dass er gut war. Ein anderer Bummel führte 1923 nach Bubendorf,

‹da vor allem das Menu à Fr. 4.50 grossartig zu scheinen dünkt›; zur Vorspeise gab es Forellen, und man war so zufrieden, dass man 1924 wiederum das Bubendörfler Bad besuchte und ein Menü zu nur noch vier Franken bestellte (so wyt kunnts, wenn dr Baizer fir wenig Gält e guet Ässe wirtet — aber das bassiert aim hit numme no sälte). Auch später ist immer wieder Bubendorf Bummelziel gewesen, ‹in Anbetracht dessen, dass wir dort erstens gut aufgehoben sind und zweitens auch das Essen immer gut und reichlich und geschmackvoll serviert wird›. Einmal allerdings war das Bad Bubendorf am Bummelsonntag schon von den Alten Stainlemern besetzt. Die Kommission erwog:

«Man ist allgemein der Meinung, den Bummel nicht noch auf den 29. März zu verschieben, es wäre dies zu lang, denn vier Wochen nach der Fasnacht erst den Bummel zu veranstalten, wäre etwas zu weitgegangen, man würde noch risquieren müssen, das nächste Jahr an die Fasnacht zu kommen, d. h. man sich über uns lustig machen würde.»

Solches aber scheute man noch mehr als eventuelle Begegnungen mit vorösterlichen Prozessionen, weshalb man den Bummel nach Rheinfelden verlegte. So führten die Bümmel dahin und dorthin, bis die Gesellschaft 1933 den Engel in Liestal entdeckte, wo ihr Papa Hartmann eine unübertroffene Ambiance und Gastlichkeit bot. Während Jahrzehnten, bis in die Siebziger-Jahre, suchte sie den Engel auf wechselnden Routen heim. Er wurde zu einer so selbstverständlichen Tradition, dass die Kommission nicht einmal ausdrücklich die Reservation bestätigen musste. Olympia und Engel, das gehörte einfach zusammen. An den Bümmeln sorgte man bereits damals für Unterhaltung, sei es durch eine sorgfältig vorbereitete Produktion eigener jüngerer Mitglieder, sei es (wenn me die Aigene wider emol nit so luschtig gfunde het wie si sich sälber) durch professionelle Humoristen wie den auch schon genannten Jochem Schneider. Aus eigenem Boden stammte dann etwa ein Schnitzelbangg, verbunden mit allen Risiken, die dieser Gattung von Lyrik anhaften; einmal jedenfalls hatte die Kommission nach dem Bummel des langen und breiten auf den energischen Protest, den eines

48

1961
Fasnachtsbummel
Hotel ‹Engel›, Liestal
(oben)

1968
Fasnachtsbummel
Auf dem Marsch
von Bad Schauenburg
nach Liestal
(unten)

ihrer Mitglieder unter dem Traktandum Varia ‹bezüglich des gegen ihn gerichteten Schnitzelbanggverses› erhoben hatte, einzugehen.

Rund um die Fasnacht

In jenen Jahren machte die Gesellschaft lange am Einstudieren neuer Märsche herum. Die Pfeifer übten jahrelang den Querpfeifer und die Neuen Schweizer, ferner den später wieder aufgegebenen Safranmarsch; die Tambouren liessen sich von einem eigens angestellten Instruktor die Retraite beibringen, erwiesen sich aber auch als schöpferisch, indem sie in einigen Trommelstunden — so nebenbei — die Mätzli kreierten. Mit den neu einstudierten Märschen glänzten die Gruppen dann jeweils am Monstre, und zwar während Jahren noch getrennt — immer entweder die Tambouren oder die Pfeifer. Das Monstre wurde seit 1920 wieder in etwas bescheidenerem Rahmen aufgeführt. Es gab zwei, dann drei, später wieder nur zwei Aufführungen. 1922 konnte wegen der grossen Zahl von Cliquen jede nur an einem der beiden Abende auftreten. Es lieferten sich Gross- und Kleinbasel eine Konkurrenz, die aber naturgemäss nicht gefiel und vom Fasnachtscomité nicht wiederholt wurde. Auch 1927 fanden die drei Aufführungen im Küchlin statt, wiewohl ein Wechsel in die Muba angeregt worden war. Der Präsident berichtete darüber der Gesellschaft:
«Einer Interpellation der BMG (Redner Strub) zugunsten der Abhaltung im Mustermessegebäude wurde von unserem Präsidenten opponiert mit der Begründung, das Küchlin sei das geeignete Lokal punkto Akustik und auch Einnahmen und zudem sei es heimeliger als die grosse, kalte Mustermessehalle.» Das Verbleiben im Küchlin wurde schliesslich einstimmig gutgeheissen (wie gscheit unseri Vorfahre doch scho gsi sin!).
Auch auf der Strasse hatte sich das Fasnachtscomité mit der zunehmenden, wenn auch immer noch verhältnismässig bescheidenen Zahl von Aktiven zu befassen. 1926 erwogen die Cliquen immerhin, für die Nachmittage den ‹sens unique› einzuführen und sich über die Abmarschzeiten zu einigen, ‹damit der Verkehr in den Hauptstrassen ohne grosse Störung vor sich gehen kann›. Die Einbahnfasnacht lieferte der Olympia dann prompt das Sujet dieses Jahres.

Olympia
1923

Zuer Vermeegensabgob gryffe
Hän sie welle, wil sie pfyffe
Uff em letschte Loch, die Rote,
Und sie briele no de Note
Lut vom Belmont bis zum Bummi:
„Nimmemeh drum umme kummi!"
Alli zämme mechte 's Glych,
Alli mechte werde rych,
Mechte bis zum letschte Franke
Hole 's Moos uff unsre Banke.
Nundedie, wär das e Schleck!
Alli kämte-n-us em Dreck!

's Resultat vo dere Hetz:
Moskau schenkt ene-n-e Gsetz,
Wie mer kains bis jetz hän bsesse,
Voll vo russische Finesse.
Zwor die Klaine loht me schlupfe,
Tuet derfir die Grosse rupfe,
Für im Volk e Mehrhait z'fange,
D'Duble z'bhalte by der Stange.
Und e mänge Klaine denkt:
Dasmol werde Grossi ghenkt!

Nur die Grosse mainsch? Kai Spur!
Nai, das isch der Afang nur;
Speeter hole sie der Rescht
Und was niet- und nagelfescht.
Kunnt di aber 's Zahle sur a,
Muesch halt bleche-n-in natura.
Hesch zum Byspiel nur e Hus
Und kai Geld, 's macht gar nyt us,
Du bisch trotzdem in der Klemmi,
Denn der Dachstuehl samt em Kemmi
Hole sie, und längt das nit,
Kasch au sunscht gäh, was de witt:
Hochzytshätzle-n-und Zylinder,
D'Kassebiechli vo de Kinder,
Kischte, Käschte-n-und 's Klavier,
Us em Keller Wy und Bier,
Surkrutstande, Endifinke,
D'Hose, wenn sie nimme stinke,
Und im Bur, trotz syne Lischte,
Gehn sie no der Stall go mischte.
Will e Maiti gar nyt ha,
Nimmt me-n-au sy — Unschuld a.
Fehlt's an allem, bisch am Sterbe,
Wän sie no dy Stuehlgang erbe.

Mängem het's agfange z'gruse,
Syni Titel het er use
Gschickt bis nach Amerika,
Alles het der Sch . . . . . gha,
Het nit denkt, dass 's Schwyzervelkli
Mache tieg ins Gsetz e Delkli.

Doch 's isch koh, das Volk, und wie
Isch's e dicke Strich ko zieh
Dur die Rechnig vo de rote
Fule Hind und Iberknote.
Bis uff Moskau hän sie's gheert,
's haig sie grad am Kepfe gsteert.
D'Axelrod und Zoselsohn,
Levy, Bronstain, Bela Kohn
Hän vergesse-n-ihre Quatsch
Ob em Knall vo däre Watsch.

Welti, gell, das isch e Schleck?
's Schwyzervolk isch us em Dreck!

Dienstag, den 20. Februar 1923
Laternen-Ausstellung im Steinenschulhaus

Zeedel 1923
Sujet
‹d Vermeegensabgoob›

Immerhin blieb die Freiheit der Cliquen bei der Routenwahl so gross, dass die Olympia, wie andere Gesellschaften auch, sich mindestens zweimal pro Nachmittag beim Marsch durch die Freie Strasse bewundern liess.

Eine andere Neuerung gestattete den Alten Garden, nur am Morgestraich und am Mittwochnachmittag zu zirkulieren. Davon war auch die Olympia betroffen, denn aus den Reihen ihrer in der Überzahl vorhandenen Tambouren war am Aschermittwoch 1923 die Rumpel-Clique hervorgegangen. Und diejenigen Tambouren, die es gerne geruhsamer genommen hätten, aber aus irgendwelchen Gründen nicht bei der Rumpel mitmachen wollten, spalteten sich ab zur Alten Garde der Olympia.

1926 zählte der Kassier immer noch rund 80 Aktive. Hatten die Tambouren manchmal eher ein Übergewicht, so suchte die Gesellschaft dafür fast jedes Jahr unter ihren Passiven Vortrüppler. Denn sie hielt fest am einst für richtig befundenen Grundsatz, dass ein stattlicher Vortrupp eines der Aushängeschilder der Clique sei. Vor allem am Morgestraich fehlte es manchmal arg an Vortrüpplern und damit an Stek-

50

kenlaternen. So protokollierte der Schreiber nach der Fasnacht 1928:

«Freund Ernst Plattner bedauert nur, dass der Morgenstreich so miese ausgefallen sei, wenigstens was die Beteiligung seitens des Vortrupps anbelangt, und er appelliert an alle die Betreffenden, damit sie das nächste Jahr zur Fahne bzw. zur Steckenlaterne stehen anstatt mit den Händen in den Hosen Spalier zu stehen.»

Die harsche Rede des Präsidenten war nicht in den Wind gesprochen, denn im folgenden Jahr wankten der Olymperlaterne ein gutes Dutzend Steckenlaternen voran, und von da an hatte es sich herumgesprochen, dass sich die Fasnacht ganz vortrefflich auch unter der Larve eines Vortrüpplers geniessen lässt (so bequäm ka kai andere linggs und rächts syne Dante, Vettere und Grossmietere wingge).

Laternengeschichten

1928 war aber auch das Jahr, in dem die Olympia Karl Hindenlang höflich anfragte, ob er die Güte hätte, ihr wiederum die Laterne zu malen. Und jetzt war es Hindenlang, der sich die Sache überlegte. Und der schliesslich absagte. Die rührige Kommission stellte der Gesellschaft als neuen Zugskünstler Ferdinand Schott vor. Auch er war für die Gestaltung des ganzen Zuges verantwortlich und malte in der Krisenzeit, als man die Larven selber zu machen begann, den weniger begabten Olympern die Larven. 1930 erhielt er auch den Auftrag, 30 neue Kopflaternen anzufertigen. Seine Leistungen wurden allerdings unterschiedlich eingestuft. Nachdem man in den ersten Jahren mit ihm sehr zufrieden gewesen war — was er Hindenlang allenfalls an künstlerischer Qualität nachstand (fir dr Fall, dass me das gmerggt het), war er ihm an Zuverlässigkeit voraus —, rügte man sein Werk nach der Fasnacht 1931 unerbittlich:

«Dann folgte eine ausgiebige Laternenkritik, die bisher immer eigentlich im Verborgenen oder wenigstens inoffiziell geblüht hatte; sie wird allgemein verurteilt und wird als kompletter Missgriff unseres Künstlers gedeutet. Mit Nachdruck wird gefordert, dass wir punkto Laterne auch wieder einmal etwas Ganzes bringen sollten, und es wird ernstlich erwogen, fürs nächste Jahr mit einem anderen Künstler einen Versuch zu machen.»

Der Künstler, der offenbar wirklich nicht bei der Sache gewesen war, versprach, im folgenden Jahr wieder sein Bestes zu geben, um die Scharte auszuwetzen. Die Kommission beschloss: «Es wurde genügend kritisiert und geschnödet, so dass ihm ein Recht zusteht, sich zu rehabilitieren.» 1932 lobte man ihn erneut nach allen Kanten. Dann scheint er doch ausgepumpt gewesen zu sein, denn 1935 griff die Gesellschaft auf Hindenlang, der seinerseits wieder für die Olympia zu malen bereit war, zurück. Schott war aber auch als Vortrüppler ein ideenreicher Kauz. 1929 hatte die Gesellschaft die Saffa, die schweizerische Ausstellung für Frauenarbeit in Zürich, zum Sujet erkoren. Die Vorreiter waren Weiber-Militär, im Vortrupp marschierten ‹markante Saffagestalten›, Frauenzünfte und ähnliches, die Pfeifer waren Saffatanten und die Tambouren Pantoffelhelden (kurz — e Zug, wo me au hitte no kennt uf dr Gass aträffe). Wie sich nun der Zug am Montagnachmittag über die Mittlere Brücke ins Grossbasel bewegte, mischte sich bei der Schifflände Schott unter den Vortrupp — angetan mit einem riesigen Schneckenhaus, worauf von seiner Künstlerhand geschrieben

Laternen-
::Ausstellung::

der

aktiven Fastnachtsgesellschaften

in der

Turnhalle des Steinenschulhauses

(Theaterstrasse 5)

———•———

Dienstag den 15. Februar

von **morgens 9 Uhr** bis

abends 7 Uhr

Entrée 50 Cts. (Kinder die Hälfte)

stand: ‹Frauen-Union Zürich›. Beim nächsten Halt an der Falknerstrasse, vor dem Paradies, hatte das Establishment der Olympia noch kaum Zeit gehabt, sich zu fassen, als bereits Paul Koelner im Auftrag von Comité-Obmann Fürstenberger herausauste und das anstössige Objekt aus dem Zug zog. Die Subvention des Jahres 1929 war dann um 200 Franken gekürzt.

Wirtschaftskrise

Das war das Wirken von Ferdinand Schott gewesen, zu dessen Zeit die Wirtschaftskrise sich auch rund um die Fasnacht bemerkbar machte. Abgesehen davon, dass das Honorar des Laternenmalers zurückging und dass man auf alle Anschaffungen verzichtete, häuften sich besorgte Äusserungen über die schweren Zeiten. Sie waren nicht die einzigen Anzeichen für Sorgen um die Kasse. 1927 bestritt eine eigene Hauskapelle unter Leitung des Pfeiferchefs die Musik am Olymperball, was als ‹sehr begrüssenswert in Zeiten solch schwerer Wirtschaftspolitik› taxiert wurde, und 1932 fiel der Ball im Zug der Sparmassnahmen gar ganz aus. Schon 1927 war das Hauptproblem bei der jährlichen Zugsfotografie an der Fasnacht nicht mehr der Standort und der Hintergrund (in andere Johr isch me uf e äxtra nätt Plätzli gstande), sondern der Preis. Die Fotografie war nicht mehr selbstverständlich, und vom Aufwand eines eigenen Fasnachtsfilms

sprach ohnehin niemand mehr. 1929 trat die Gesellschaft am Monstre in den Kostümen des Vorjahres auf, ‹um jede Extraausgabe zu vermeiden›, und 1932 gab das Comité einen allgemeinen Sparbefehl heraus und kündete massive Subventionskürzungen an. 1935 wurde gar behauptet, die Laternenträger, die wenige Jahre vorher noch 60 Franken pro Fasnacht erhalten hatten, seien mit 55 Franken im Vergleich zu anderen Cliquen viel zu gut bezahlt; dennoch standen sie in beliebiger Zahl zur Verfügung (was das haisst, ka numme wisse, wär emol sone Gstell probiert het z lipfe). Und vor der Fasnacht 1930 hatte der Präsident seine Getreuen vom Plan unterrichtet, die Tambouren an der Fasnacht in Zivil trommeln zu lassen. Vor der Fasnacht 1931 richtete der Comité-Obmann gar die Frage an die Delegierten, ob überhaupt Fasnacht gemacht werden solle, «was allerdings mit einem lauten ‹jööö› beantwortet wurde». Das war die Krise. Der Fasnacht selbst konnte sie kaum Abbruch tun, nur dem dafür betriebenen Aufwand. Denn die Fasnacht als Ventil für allen zurückgestauten Dampf war unentbehrlicher als je in satten Friedenszeiten.

Lithographie
zum 25jährigen
Jubiläum, 1933
Ferdinand Schott

54

OLYMPIA ✦ FASNACHT 1933

BRAUTGASTIERUNG
der ci - devant geschiedenen
INNOCENTIA SCHNABELBIETERIN
und
BEPPISTOPHELES WIE-LANDE-M'R
serviert an der Fasnacht im
Gasthof zum "Ehrenkübel" in Lostallo

Lieschtler Aufschnitt
Hors d'oeuvres riches à la „Hasenbühl"

Gefüllte Defizitpastete
Vol-au-vent varié à la Gordon Bennet

Pratteler Eiertätsch
Oeufs à la „Bolschewicki"

Vereinigungswürstli, Baselbieterart
Saucissons garnis à la Lampenberg

Lammfrommer Staatsbraten mit Spätzli, Hausmacherart
Présalé bâlois avec de petits faux pas en robe Schmuser

Verbranntes Hirn nach Brandenburgerart
Cervelle au beurre noir à la Blärer

Froschschenkel in Ramlinsburgertunke
Gigot de grenouilles „sauce piquante"

Moskauer Schlachtplatte
Bœuf bouilli à la Bläsitor

Mistkratzerli, mit Landschäftler Salat
Poulet rôti, salade de campagne à la Basellandschaftligi

Strybli in Syruptunke
Strybli sauce renversée à la „Märtplatzlante"

Limburgerkäse
Fromages assortis à la St. Gervais

Kaffee mit Abstimmigsgläsli

Weine: Buusner Süssdruck
Muttenzer Stierenblut

A. APEL, BASEL.

Die Ära Plattner

Nach der Krise kam die braune Zeit, nach ihr der Zweite Weltkrieg. Es war zugleich die Zeit, in der Präsident Plattner regierte.

Seine Verdienste um die Olympia werden nicht geschmälert, wenn hier von seinen zahlreichen Rücktrittsversuchen die Rede ist. Schon 1927 hatte er erklärt, ‹aus geschäftlichen Rücksichten nicht mehr weiter amten› zu können. Er wurde überredet, für ein Jahr noch weiterzumachen, und er erhielt zum Trost und zur Entlastung einen Vizepräsidenten. Bei seinem nächsten Rücktritt, 1929, bedurfte es schon stabilerer Argumente: Er erhielt den ‹Olymper-Stuhl nach vorliegendem Muster›, eine Stabelle, die sich nach und nach eine ganze Anzahl von verdienten Kommissionsmitgliedern ersessen hatte. Nach seiner nächsten definitiven Demission im Jahr 1931 wählte die versammelte Gesellschaft unter allgemeiner Heiterkeit Guschti Hasler. Der Schreiber berichtet von seiner Wahl:

«Mehrmals hat er versucht auszukneifen, aber all seine Argumente werden ihm speziell von Sämi Baumgartner und Hans Hausmann widerlegt, so dass er schliesslich kapituliert und das Amt annimmt. Er verspricht Treue und Pflichterfüllung.»

Eine Kommissionssitzung vom November 1931 wurde dann aber ohne weiteren Kommentar (und ohni wyteri Wahl) wieder von Plattner präsidiert. Erst 1934, nach achtjähriger Amtsdauer, hat er zum allgemeinen Bedauern erneut demissioniert. Sein Nachfolger wurde Walter Meyer. Pech für Plattner war, dass Meyer im Herbst des gleichen Jahres dazu auserkoren wurde, das hundertjährige Jubiläum des Artillerievereins vorzubereiten; für die Olympia hatte er keine Zeit mehr. Interimistisch leitete Ernst Plattner die Geschäfte so untadelig, dass die Gesellschaftsversammlung vom 18. Januar 1935 ihn kurzerhand mit Akklamation als Präsidenten bestätigte. Dabei blieb es bis zu seinem wirklich definitiven Rücktritt 1946.

Plattner verdankt die Olympia neben viel anderem auch zahlreiche mit Reisen und Auftritten verbundene Einladungen. Die Dreissiger-Jahre wurden zu eigentlichen Reisejahren. Nun mag der geneigte Leser sich fragen, warum denn nundebuggel eine Fasnachtsclique alle paar Jahre an irgendeinen abgelegenen Ort wie Bern, Vevey, Paris oder New

York fahren muss, um dort in abgewetzten Uniformen von Kostüm-Kayser einen halb fasnächtlichen, halb folkloristischen Auftritt zu prästieren und jedenfalls die Nachtruhe der Eingeborenen nachhaltig zu stören? Der geneigte Leser möge die Gegenfrage gestatten, ob er sich schon einmal vorgestellt hat, was es braucht, um einen Zug von 80 bis 120 Aktiven ohne jede Generalprobe, dafür im vollständigen Kostüm, mit Larve, gestimmtem Piccolo und geschränkter Trommel, am Fasnachtsmontag abmarschieren zu lassen und zwei wunderschöne Fasnachtstage lang über kaum vorausbestimmbare Wege zu führen, bis er sich am Donnerstagmorgen vollzählig zum letzten gemeinsamen Marsch vor dem Stammlokal versammelt? Bedenkt der liebe Leser

noch, dass das alles völlig freiwillig, ohne Feldweibel und ohne Arrestdrohung, sich abspielt, so wird er auch verstehen, dass gemeinsame Reisen unter dem Jahr zum Kitt gehören, der die ganze Chose zusammenhält. Begriffen hat das jedenfalls ‹Freund Plattner›, dieser Reiseleiter par excellence.

Reihenweise Reisen

1931 führte er seine Mannen an das Trachtenfest nach Genf. Er knüpfte damit eine Beziehung zur Schweizerischen Trachtenvereinigung (beesi Myler hän däne Dame Drache-Verainigung gsait), die bis heute nicht abgerissen ist und die nicht nur den Trachtenjumpfern an einer kaum überblickbaren

56

Reise an die Welt-
ausstellung in Paris
28. Juli bis
2. August 1937

Teller
zum Andenken
an die Reise nach
Paris, 1937
Otto Plattner

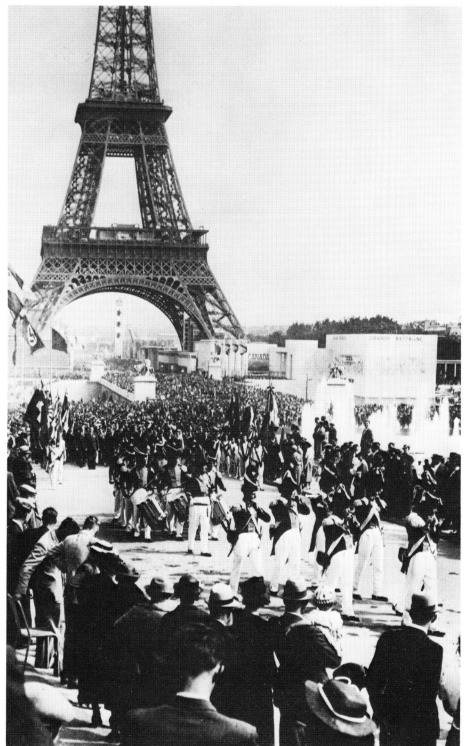

Zahl von Anlässen die Gesellschaft ebenso stattlicher wie heiterer, nur selten auch angeheiterter
Olymper bescherte, sondern auch der Gesellschaft
zu mancher denkwürdigen Reise verhalf. Auch
1934 war es wieder die Trachtenvereinigung, welche zum Trachtenfest in Montreux einlud. Da jeder
Kanton aufgefordert war, etwas von seinen Sitten
und Gebräuchen zum Besten zu geben, führte die
Olympia einen vollständigen Morgestraich, im Kostüm und mit Laterne und Steckenlaternen, vor (mai
das Gschrei, wenn das hitte ain miecht!). 1935
brachte Plattner der Gesellschaft von seinen Reisen
und Verhandlungen gar die Einladung zur Weltausstellung in Brüssel heim. Die Schweizer Woche
wurde von einem Festumzug der Trachtenvereinigung gekrönt, an welchem die Olympia mit bemer-
kenswertem Erfolg teilnahm. Hier wie auch am
Trachtenfest in Belfort von 1936 trat die Olympia in
den Uniformen des Basler Stadt-Bataillons auf.
1937 reiste man, neu eingekleidet in die rot-weissen
Uniformen der Beresina-Schweizer (es git si hit no,
und si gsehn e fang us, wie wenn si wirglig an dr
Beresina drby gsi wäre), für vier Tage an das Früh-
lingsfest nach Cannes. Und im Sommer des gleichen
Jahres organisierte Plattner zusammen mit der
Trachtenvereinigung und der Schweizerischen Zen-

trale für Handelsförderung in Zürich den Auftritt an der 1. August-Feier im grossen Ausstellungspalais an der Weltausstellung von Paris. Das Kontingent der Olympia umfasste einen Vortrupp von neun Mann — einen Fähnrich und acht Schützen —, zwölf Pfeifer, einen Tambourmajor und zwölf Tambouren, alle wieder als Beresina-Schweizer. Krönender Abschluss dieser Reisen, von denen damals jede noch als grosses Ereignis empfunden wurde, war dann 1939, am Vorabend des Zweiten Weltkrieges, die Fahrt an die Weltausstellung in New York. Von ihr wird noch zu berichten sein.

Weitere Reisen kamen durch andere Verbindungen zustande. So wurde Karl Hindenlang eingeladen, mit 60 Basler Tambouren an der berüchtigten Olympiade in Berlin, 1936, aufzutreten. In seiner Truppe steckten auch vierzehn Olymper und vier Mitglieder der Alten Garde. Ihr Versuch, Adolf Hitler den Marsch zu blasen, soll zwar gescheitert sein, aber wenigstens kamen sie alle heil heim, obwohl sie sich geweigert hatten, ‹Heil!› zu rufen. Die wackeren Eidgenossen hatten sich nämlich als einzige ausländische Delegation dagegen gesperrt, den Arm zum Hitlergruss zu heben, was einige diplomatische Verwicklungen verursachte. Man konnte dem Führer schliesslich beibringen, dass man mit einer Basler Trommel am Bandelier schlecht den rechten Arm hochschleudern kann (ganz abgseh drvo, dass sich dr Dölf Butz bi däre lebig sowieso wider dAxle usghänggt hät).

Ganz falsch wäre aber der Eindruck, die Olympia sei wahllos an jedes Narrentreffen gepilgert. Sie wusste auszuwählen. Wer das nicht glauben will, lese das Protokoll einer Kommissionssitzung vom 21. Juni 1934:

«Es liegt ein Brief vor vom Lesezirkel Hottingen. Die Olympia wird gebeten, anlässlich des internationalen Radiologenkongresses in Zürich einen Fasnachtszug vorzuführen mit passendem Sujet. Dem Lesezirkel wird geantwortet, dass ein solcher Aufzug viel zu teuer zu stehen komme, dass sich aber die Olympia bereit erklärt, in irgendeiner anderen Aufmachung am Feste mitzuwirken.»

Auch 1936 befasste sich die Kommission mit verschiedenen Einladungen:

«Interessant ist eine Einladung einer Zürcher Gesellschaft an ein Werbefest unter dem Motto ‹10 Tage Optimismus›. Es wird uns zugemutet, gegen Entgelt

SEMAINE SUISSE A L'EXPOSITION INTERNATIONALE DE PARIS 1937

sous la présidence d'honneur de M. Alphonse Dunant, Ministre de Suisse en France

FÊTE NATIONALE
DU 1ᴱᴿ AOÛT

au GRAND-PALAIS à 20 h. 45   Ouverture des portes à 19 h. 30

PROGRAMME

Les cloches du Pays

1. Hymne National Suisse
2. La Marseillaise
} exécutés par l'Harmonie Municipale des Eaux-Vives, Genève

3. Discours de M. Meinrad G. Lienert, Commissaire Général Suisse près l'Exposition Internationale de Paris 1937

4. Discours de M. Alphonse Dunant, Ministre de Suisse en France, Président d'honneur de la participation suisse à l'Exposition Internationale de Paris 1937

5. Sempach, de J. U. Wehrli
   Le Mal du Pays, de J. Heim
} exécutés par l'Union Chorale et l'Harmonie Suisse de Paris, sous la direction de M. Hornung

6. Yodels, par les Yodler-Clubs «Berna», Berne, et «Echo Suisse», Paris

7. Grindelwald
   Le ranz des vaches
} exécutés par le chœur mixte de l'Union Chorale et de l'Harmonie Suisse de Paris, sous la direction de M. Hornung

8. Les Accordéonistes de l'Ecole Nouvelle de Musique de Lausanne, sous la direction de M. Guillon

9. Fifres et tambours de Bâle, clique «Olympia»

10. Pot-pourri d'airs suisses, par l'Harmonie Municipale des Eaux-Vives, Genève, sous la direction de M. Henri Helaerts

11. Exercices individuels de gymnastique, exécutés par quelques Champions Suisses, encadrés par la Société Suisse de Gymnastique de Paris

12. Danses et chants populaires par le groupe «Bärnermutze», sous la direction de M. Th. Johner et accompagnés par l'Orchestre Champêtre Stucki

13. Chansons de la Suisse Italienne par la Canterina Ticinese, sous la direction de M. Th. E. Johner

14. Yodels, par le Yodler-Club «Alpenrösli», Einsiedeln

15. Jeux de drapeau, par M. Sepp Walker

16. Airs de cor des Alpes, par M. Arnold Sigrist

17. Lecture du pacte fédéral de 1291, par M. Marcel Parmelin, suivie du Cantique Suisse, chanté par l'assistance

Régie générale: M. J. Béranger, directeur du Théâtre Municipal de Lausanne

Imprimé en Suisse par Fretz Frères S.A. Zurich

Olymper, liebi Frind, mer fyre
E ganz e bsundere Jubeldag!
S'sin finfezwanzig Johr syt eirem
Verainte-n-erschte Trummelschlag.
D'Erinnerig an die alte Zyte,
Die bringt hit unsre Gaischt in Schwung;
Mer griesse-n-Eich und bringe fraidig
Eich hitte-n-unsri Huldigung!

Der vierti Dail vom e Johrhundert
Isch syt der Grindig dure hit
Syt Ihr an unsrer scheene Fasnacht
Sin uffmarschiert mit stolzem Schritt,
Syt Eich e Frindschaft z'ämme gflochte
Wie si by Glygge sälte-n-isch;
Drum lege-n-unsre Dangg mir alli
Uff Eire Geburtsdagsdisch.

Hit isch im Gaischt mit uns verbunde
Der beschti Dail vo unsrer Stadt;
Wär d'Fasnacht nit ka gseh und d'Trummle
Nit heere ka, isch hit schachmatt.
Mir stosse hit uff d'Kunscht, der Rytmus
Uff d'Scheenhait und uff d'Frindschaft a
Und wintsche-n-Eich e vivat, crescat
Und Floreat Olympia!   Th. B.

Samstag, den 14. Oktober a. c. im roten Saal der
Mustermesse mit Bankett, Beginn präzis 19³⁰ Uhr
Unterhaltung nach Spezialprogramm (Ball bis 4 Uhr).

Liebwerte Olymper!

Ganz gewiss werden Sie mit Ihren Angehörigen diesen
Abend bereits für die Olympia reserviert haben! - Mit
Recht! Gerade in Anbetracht, dass solche Anlässe bei
uns eher selten sind werden wir uns befleissen der Olym-
pergemeinde nur das Beste zu bieten. Das Niveau des
Programms das wir Ihnen vorzusetzen beabsichtigen wird
verwöhntesten Ansprüchen genügen. Geheime und ge-
heimste Kräfte und Künstler sind seit einiger Zeit am
Werk um Ihnen am 14. Oktober, abseits des Alltags einige
göttliche Stunden im Olymp zu bieten. - Aber auch in
kulinarischer Hinsicht ist peinlichste Vorsorge getroffen.
Unter der Devise

der 14. Oktober 1933 der Olympia

laden wir alle Aktiven, sowie unsere verehrl. Passiven mit
Angehörigen geziemend ein; das Programm erwartet Sie
an Ihrem Platz.
Mit freundschaftlichem Olympergruss
Die Kommission.

Wir bitten dringend um Berücksichtigung folgender Anmeldevorschriften:
Die Bankettkarte kostet Fr. 5.- (inkl. Trinkgeld für das Essen); sie wird dem Teilnehmer durch die Post zugestellt. Für die Einzahlung ist der beigelegte Postcheck
zu benützen. Einzahlung gilt als Anmeldung; sämtliche Plätze sind nummeriert!
Schlusstermin der Anmeldungen: Montag, den 9. Oktober. Spezielle
Wünsche bezgl. der Placierung bei Freunden und Bekannten beliebe man
auf der Rückseite des Postchecks anzubringen; nach Möglichkeit werden
wir denselben Rechnung tragen.

einer Firma als Reklameschild zu dienen und am
Festzug in Senftuben als Kopfbedeckung zu trommeln.»
Die Einladung wurde verdankt und abgelehnt. Und
1937 wird gar über eine Delegiertenversammlung
des Fasnachtscomités berichtet:
«Nationalrat G. Duttweiler beabsichtigte, an seinem
‹Hoppla-Fäscht› einen Monster-Morgenstreich mit
einigen 100 Mitwirkenden auftreten zu lassen, was
jedoch an der diesbezüglichen Delegiertensitzung
von nahezu allen Fastnachtgesellschaften abgelehnt wird.»

25 Jahre

Doch kehren wir nach diesem Abstecher in mehr
oder weniger ferne Welten zurück in unser liebes
Städtlein und in die früheren Dreissiger-Jahre.
1933 beging die Olympia, in der Weltpresse etwas
im Schatten des eben geborenen tausendjährigen
Reiches, ihren 25. Geburtstag. Auf die Herausgabe
einer Jubiläumsschrift musste sie zwar wegen der
hohen Kosten verzichten (soso!). Nicht nehmen liess
sie sich dagegen einen eindrücklichen Auftritt am
Monstre von 1933. Den krisenbedingten Vorschlag,

Die Kommission im
Jubiläumsjahr 1933
V.l.n.r., sitzend:
Max Meury
Charles M. Keller
Paul Tschudin
Hans Hausmann
Ernst Plattner
Hans A. Suter
Carl S. Baumgartner
Paul Graf
Adolf Schelker
August Hasler
Stehend:
Emil Geissmann
Arthur Hasler
Rudolf Heusser
Gustav Werber
Oscar Ziegler

die Kostüme aus Kreppapier anzufertigen, verwarf sie alsbald, und die Clique stand als Harst von prächtigen Bajassen auf der Bühne. Die Jubelfeier wurde am 14. Oktober 1933 abgehalten. Als Ehrengäste waren geladen: die Gründer, die Mitglieder der Alten Garde, die Rumpel-Clique, das Fasnachtscomité und als nahestehender Verein die Liedertafel; weiter die Meister der Drei Ehrengesellschaften und der Meister E.E. Zunft zu Safran sowie Werner Schetty ‹als Vertreter der ganz alten Olympia›. Ein köstliches Festspiel, das die Entwicklung der Gesellschaft von der Gründung an auf herrlich ironische Weise darstellte, stand im Mittelpunkt des Abends. Beschlossen wurde er durch einen Morgestraich der ‹Ganz Jungen Olympia›. Und im Rückblick stellte die Gesellschaft fest, die Feier sei ein gesellschaftliches Ereignis gewesen, ‹das dem Namen Olympia abso-

lut Ehre gemacht hat›. Dass ein kleines Defizit von rund 600 Franken zu verdauen blieb, rechtfertigte man gerne damit, dass schon seit einigen Jahren keine Bälle mehr stattgefunden hätten.
Der geneigte Leser wird nicht übersehen haben, dass am Jubiläum wieder eine Junge Olympia aufgetreten ist. 1932 war ein neuer Anlauf zum Aufbau einer Trommel- und Pfeiferschule unternommen worden. Die Mitglieder wurden zur Anmeldung von Söhnen und Söhnen von Bekannten aufgefordert, und eine gleiche Aufforderung erging an die Rumpel-Clique. Der Trommelschule war Erfolg beschieden, während sich Pfeifer zunächst nicht gemeldet hatten. Aus den Beständen der Trommelschule wurde dann bereits 1933 ein Züglein gebildet, das sich ‹Spitzbuebe› nannte. Das war die ‹Ganz Junge Olympia› der Jubiläumsfeier. 1934

60

1934
Sujet ‹dr Uff- und
Abrischtigszirkus›
Zugsfoto
vor der Mustermesse

1935
Marschübung
der Jungen Garde
im Hof des
Clara-Schulhauses

konnten die florierenden Trommel- und Pfeiferschulen beim Comité angemeldet werden, und an der Fasnacht dieses Jahres gab es wieder eine Junge Olympia, die von einer eigens gebildeten Kommission betreut wurde. Vier Jahre später trat die Trommelschule, die mittlerweile einen Bestand von 75 Mitgliedern aufwies, nach fünfzehnjährigem Unterbruch wieder am Monstre auf, und vor der folgenden Fasnacht hatten so viele Trommelschüler das neu eingeführte Examen bestanden, dass ihr Zug aufgeteilt werden musste in die Junge Garde und die Spitzbuben. Die Olympia setzte sich zusammen aus dem Stamm, der Alten Garde, der Jungen Garde und den Spitzbuben.

Keine Baissen, dafür Bussen

Ungeachtet dieses enormen Umfanges hielt sich auch die Trommel- und Pfeiferkunst auf beachtlichem Niveau. Die Gesellschaft war dazu übergegangen, mit den Übungen schon im Herbst zu beginnen, und die Pfeifer gingen unter ihrem neuen Instruktor, Siegi Pettermand, ungeahnten Blütezeiten entgegen. Aus jenen Jahren stammt auch die Tradition des gemeinsamen Marsches von Stamm, Alter Garde und Junger Garde am Mittwochabend jeder Fasnacht; schon damals war das ein imposanter Zug.

An solchen Mittwochabenden, in den letzten und schönsten Stunden der Fasnacht, liefen die Cliquen allerdings auch immer Gefahr, zu Gesetzesbrechern zu werden. Denn die Trommel-Polizeistunde war immer noch auf 22 Uhr festgelegt. 1933 hatte die Olympia den gewohnten, fast traditionellen Strafbefehl mit 10 Franken noch anstandslos berappt. 1938 wurden die Bussen aber plötzlich drastisch erhöht.

«Für zu langes Trommeln an beiden Fasnachtstagen wurden wir dieses Jahr zu besonders hohen Polizeibussen — Fr. 30.— und Fr. 40.— — verurteilt. Wir haben dagegen Einspruch erhoben, nun wird unsere Gesellschaft am Montag, den 4. April durch den Präsidenten und am Dienstag, den 5. April durch Georg Duthaler vor dem Polizeirichter vertreten sein.»

Die Bussen wurden indessen bestätigt, weswegen sich die Kommission zusammen mit anderen, ähnlich drakonisch bestraften Gesellschaften an die

Drei Ehren-Gesellschaften Klein-Basel
den 6. Januar 1938
Schwarzwaldallee 33

An die Fastnachts-gesellschaft " Olympia"

B a s e l.

Sehr geehrter Herr Präsident,
Sehr geehrte Herren,

Am 27. Januar ist "Vogel-Gryff". Was das für den Klein-Basler bedeutet, dürfte Ihnen zur Genüge bekannt sein.

Da dieses Jahr am Umzug drei Tambouren Ihrer Gesellschaft mitwirken, möchte ich Sie im Namen des Vorstandes höfl. anfragen, ob wir für den abendlichen Umzug auf Ihre Verstärkung zählen können.

Die Umstände weshalb wir seit einigen Jahren auf Ihre Mitwirkung verzichten mussten, sind Ihnen ja genügend bekannt, so dass es sich erübrigt näher darauf einzutreten. Es würde mich freuen, eine baldige Zusage zu erhalten.
Mit vorzüglicher Hochachtung
p. Drei Ehren-Gesellschaften Klein-Basel

1936
Sujet ‹Sauce
fédérale›
Zugsfoto in
der Dufourstrasse
(oben)

Trommelübung
im Restaurant
‹Zum Greifen› in
den Dreissiger-
Jahren (unten)

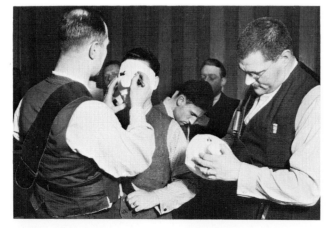

Regierung wandte und diese ersuchte, ‹durch Abänderung von §74 des Polizeistrafgesetzes das Trommeln künftig für beide Fasnachtstage bis Mitternacht zu bewilligen›.

Fast schmerzlicher noch als die Polizeibussen, die man mit einem gewissen Sportsgeist bezahlte, solange sie nicht unmässig ausfielen, trafen Subventionsabzüge des Comités. 1938 schlug auch noch das Comité hart zu:

«Das Fastnachtscomité hat uns Fr. 1750.— als Subvention zugeteilt. Der Präsident erblickt in diesem Betrag eine Benachteiligung und bemerkt, dass das Comité bei der Zuteilung mit zweierlei Ellen gemessen habe. Wenn wir auch eine grössere Anzahl Passivmitglieder als andere Gesellschaften haben, so sollte dieser Umstand dem Comité nicht Anlass bieten, unsere Subvention zu schmälern, wie das hier offenbar geschehen ist. Auch hat das Comité über Kürzung von Fr. 50.— verfügt, da die Laterne mit vielen unsittlichen Sprüchen bemalt war.»

Die Sprüche zitieren wir selbstverständlich nicht (mr kenne si laider au gar nit).

Das war aber eine Ausnahme — normalerweise herrschte mit dem Comité bestes Einvernehmen. Kein Wunder, denn die Olympia gehörte nach wie vor zu den zuverlässigen Stützen des Monstre, das sich unerwartet entwickelte. Nicht ohne ein gewisses Staunen nimmt man zur Kenntnis, dass in den Dreissiger-Jahren zwei Aufführungen vollauf die Nachfrage zu decken vermochten und dass darüber hinaus ‹der Besuch des Monstre-Trommelkonzertes jedermann warm empfohlen› wurde. Das Verständnis des Publikums für die Kunst des Trommelns und Pfeifens scheint abgenommen zu haben, denn 1935 musste das Comité die Cliquen auf je einen Marsch beschränken und bestimmen: ‹Ferner sollen nur noch maximum zwölf Verse eines Marsches getrommelt werden wegen der Zeitgewinnung für das Rahmenspiel›, das hier zum ersten Mal mit diesem Namen gerufen wird.

Im Herbst 1937 beschlossen die Drei Ehrengesellschaften, künftig am Vogel Gryff wieder die Olympia, welche vorübergehend von den Vereinigten Kleinbaslern verdrängt worden war, mitwirken zu lassen, und dabei blieb es endgültig.

Interne Probleme hatte die Gesellschaft nicht oder nur im üblichen Mass (e Clique ohni haissi Mainigs-

verschiedehaite wurd jo dä Namme nit verdiene). Der einzige erwähnenswerte Austritt war derjenige des Pfeifers Z., der ‹seinen Austritt damit begründet, dass derselbe aus beruflichen Gründen erfolgt, da sein Chef den Übertritt zur Lälli-Clique verlangte› (aber, aber!).

Auch die Sujetwahl warf keine hohen Wellen, schloss die Gesellschaft sich doch willig und bequem den Vorschlägen ihres Präsidenten an. Festzuhalten bleibt höchstens dessen ausgeprägte Meinung zu politischen Neuerungen. Als 1937 ‹s Styrparadys Basel› zum Sujet erkoren wurde, erläuterte der Präsident es folgendermassen:

«Nicht etwa die bestehenden leider sehr notwendigen Steuern werden ausgespielt, sondern die hirnwütigen, z.B. Altersversicherung, Arbeitsrappen und dann die, welche vielleicht noch kommen könnten (Junggesellensteuer, Millionär-, Sauf- und Abtrittssteuer etc.).»

Werfen wir noch einen Blick auf die Laterne — der Zeedel wurde nach wie vor und zur allgemeinen Zufriedenheit von Baldi Baerwart geliefert —: Nachdem die Ära Schott 1934 zu Ende gegangen war, malte 1935 und 1936 wieder Karl Hindenlang. Es waren Prachtslampen. Dann hatte Hindenlang, der ja auch noch andere Laternen malte, kein Interesse mehr. Ende 1936 teilte er mit, er könne erst Mitte Januar mit der Laterne und den Kostümskizzen beginnen. Da die Fasnacht am 15. Hornung begann, befand man Hindenlangs Termine für unzumutbar und suchte einen anderen Künstler. Der Präsident schlug Otto Plattner vor. Er wirkte von 1937 bis 1939. 1938, als die Gesellschaft unter dem Sujet ‹See Basle› die durchfahrenden Fremden hochnahm, brachte er eine Laterne, die einen Kiosk darstellen und drei Meter tief sein sollte: «Voraussichtlich werden wir sechs Träger benötigen.» Vor der Fasnacht 1939, der letzten für manches Jahr, stand dann wieder Hindenlang zur Diskussion. Gerühmt wurden an ihm seine bisherigen, als wohlgelungen taxierten Züge und seine Farbentechnik (Kunschtkenner het d Olympia offebar allewyl gha). Aus Bequemlichkeit oder aus anderen, nicht im einzelnen überlieferten Gründen ging der Auftrag dann doch nochmals an Plattner. Und danach gab es für fünf Jahre keine Laterne mehr zu malen.

Theobald Baerwart
(1871–1942)

1936
Sujet ‹Sauce
fédérale›
Laterne
Vorderseite (links)
Karl Hindenlang

1946
Sujet ‹s Basler
Kulinarisch Gast-
flohnikum›
Laterne
Vorderseite (rechts)
Karl Hindenlang

1939
Sujet ‹Spiritus
Helveticus›
Laterne
Vorderseite (links)
Rückseite (rechts)
Otto Plattner

New York 1939

Kurz vor Ausbruch des Zweiten Weltkrieges verreiste die Olympia aber noch einmal.

Präsident Plattner hatte die Idee der Reise während einer Eisenbahnfahrt aufgegriffen und über die Trachtenvereinigung und die Zentrale für Handelsförderung die Fäden schon 1938 zu spinnen begonnen. Vom Herbst an ging man an die Vorbereitung der streng geheimgehaltenen Reise: Die Olympia sollte 1939 an die Weltausstellung nach New York fahren! Lange wollte noch niemand daran glauben, dass dieses kühne, für die damalige Zeit fast verrückte Projekt je vom Stadium schöner Träume in das der Realisierung treten könnte. Allein die Finanzierung schien unmöglich, rechnete man doch mit Gesamtkosten von über 35000 Franken. Doch an einer ausserordentlichen, ausschliesslich dieser Reise gewidmeten Gesellschaftssitzung vom 17. März 1939 teilte Plattner unter allen anderen Einzelheiten mit, der persönliche Kostenbeitrag der einzelnen

Amerikareise 1939
V.l.n.r.:
Ernst Plattner
Konsul Dr. Victor Nef
Hans A. Suter
Carl S. Baumgartner

66

Dem erenvesten u. hochgeachten herrn General Consul Doctor Victor Nef in New York, alles liebs und guts zuvor.

Lieber herr und groszgünstiger fründ. Diewyl menschlicher sinn gar zergenglich ist, dasz man aller dingen so lychte und balde vergisset, darumb so kunden wir, die gesellenschafft der trummer und pfyffer, so man nempt die

☙ OLYMPIA ❧

seszhafft in der fryen statt Basel, mit disem brieff, dasz wir mit gutem hertzen bedacht haben ewer hilff bystand, trew und fruntschafft, so ir uns erschoszen habt by der wyten reis gon New York an die Worlds Fair im letztverwichenen summer. Des sagen wir üch unseren besten dank, der durch dis vorliegende geschrifftlich gezügnusz unzerstöszlich blyben soll und in welchem wir in guten trewen beharren wollen, so lange unsere vorgenempte gesellenschafft in eren und wesen ist. ❧

Harüber ze einem vesten urkund haben wir unser gesellenschafft ingesigel an disen brieff gehenket, der geben ist uff suntag den 25. Hornung, ze latin genempt Oculi, do man zalt nach unsers seligmachers geburt 1940 jar.

Amerikafahrer werde nur noch 300 bis 500 Franken ausmachen, und obwohl das gewiss noch ein gehöriger Batzen war — die Monatslöhne bewegten sich in ähnlicher Höhe —, rückte die grosse Reise damit näher. Der Präsident empfahl daher auch, sich mit der englischen Sprache vertraut zu machen und genügend Sackgeld auf die Seite zu legen. Aus allen Protokollen, die im weiteren von der Reise handeln, spürt man heute noch, wie sehr die Fahrt, die meist als ‹Expedition› bezeichnet worden ist, den Charakter eines ausserordentlichen Abenteuers gehabt hat. Das bezog sich nicht allein auf die Schiffsreise übers grosse Wasser (d Titanic isch de Olymper no dief in de Gnoche gsässe), sondern auch auf die weltpolitische Lage. Wenn als Ziel dieser Fahrt immer wieder genannt worden ist, ‹Ehre für unser Land› einzulegen, so war das keine leere Floskel. Die Expeditionsteilnehmer waren durchdrungen vom Bewusstsein, in der Neuen Welt Repräsentanten der Schweiz zu sein, und die Begeisterung, mit der sie von der Schweizerkolonie in New York empfangen und während des vierzehntägigen Aufenthaltes betreut wurden, bestätigte ihre Bedeutung als Verbindung zur Heimat.

Am 18. Juli 1939 besammelten sich die Amerikafahrer um 21 Uhr in der Kronenhalle, um die letzten Instruktionen entgegenzunehmen. Der Etat der ‹Olympia-Sektion New York› umfasste unter Präsident und Expeditionsleiter Ernst Plattner drei Vortrüppler, zehn Pfeifer, Carl S. Baumgartner als Tambourmajor und dreizehn Tambouren. Um 23 Uhr reisten sie im Elsässer Bahnhof ab. Über Paris ging die Fahrt nach Le Havre, wo sie sich am 19. auf der ‹Champlain› einschifften. Vom 19. bis 26. Juli waren sie auf hoher See, und lediglich ein mittlerer Sturm hinderte vorübergehend die Mehrzahl der Reisenden daran, den gebotenen kulinarischen Genüssen zuzusprechen (dr Seegrangget sin sogar d lebige zem Opfer gfalle, wel numme no ain het kenne d Schlegel hebe, und d Pfyffer hätte sowieso kai Luft me zem Muul us griegt). Am 26. Juli schifften unsere Helden in den Hafen von New York, wo sie von zahlreichen Freunden empfangen wurden und, in den Beresina-Schweizern, sogleich ein Zigli bildeten. Es folgte bis zum 8. August ein strenges Programm von Auftritten, Gastmählern und Ausflügen, dessen absoluter Höhepunkt die 1. August-Feier im Ausstellungsgelände war. Viele neue Freundschaf-

---

MAX GRÜNINGER
F.S.A. ARCHITEKT F.S.A.
RIEHEN
GRENZACHERWEG 63
TELEPHON 20.668
POSTCHECK V 6685
—

RIEHEN, DEN 16. Sept. 1939,

An die "Olympia" Fastnachtsgesellschaft.
z.H. des Herrn Ernst Plattner-Hasler.
Präsident.

B A S E L .

Sehr geehrter Herr,

Wie Ihnen bekannt, wurde durch das auf der Dachterrasse vorgenommene Feuerwerk anlässlich der Rückkehr der "Olympia" aus Amerika das Blechdach & ein Kamin beschädigt.

Ich gestatte mir Ihnen die beiden diesbezüglichen Rechnungen über die notwendigen Instandstellungsarbeiten zur gefl. Visierung & Begleichung zuzusenden & begrüsse Sie

mit vorzüglicher Hochachtung

Max Grüninger.
Hausmeister d. 3. E.G. Bl.

Beilage: 1 Rechg. J. Gutekunst-Rösch, Baumeister mit Fr 15.3o
1 "   Otto Stieber, Spenglermeister "   " 11.75

VERAINIGTI GLAIBASLER FASNACHTSGSELLSCHAFT

GRINDIGSJOHR: 1884

BASEL, den   16. August 1939.

Herrn
Ernst Plattner,
Präsident der "O l y m p i a"
B a s e l

Sehr geehrter Herr Präsident,
Sehr geehrte Herren.

     Wir möchten nicht unterlassen, Ihnen für die freund-
liche Zustellung einer Ansichtskarte, anlässlich der Weltausstellungs-
reise nach New York, unseren besten Dank auszusprechen.

     Diese Karte hat uns erneut das gute Einvernehmen,
das zwischen unseren beiden Kleinbasler Gesellschaften besteht, bestätigt und wir geben der Hoffnung Ausdruck, dass das gute Verhältnis auch
fernerhin bestehen möge.

     Ihnen für Ihre Aufmerksamkeit nochmals unseren ver-
bindlichsten Dank aussprechend, zeichnen wir

        mit fasnächtlichem Gruss
        Hochachtungsvoll:
        VERAINIGTI - GLAIBASLER

der Präsident: der Sekretär:

ten wurden geknüpft, und der Begeisterung der Heimwehbasler in New York entsprang eine Basler Clique, die sich bald danach von Larvenmacher Tschudin 100 Larven übers Meer schicken liess. Mehrere New Yorker Zeitungen berichteten über ‹The Olympia Fife and Drum-Corps from Basle, Switzerland›. Vom 8. bis 14. August dampfte die Expedition auf der ‹Ile de France› über den Atlantik zurück, und nach einer Übernachtung in Paris liess sie sich am 15. August 1939, um 20.51 Uhr, in Basel begrüssen. Dass die heimkehrenden Helden von ganz Basel begeistert empfangen wurden und dass sie spätabends durch ein dichtes Spalier von Schaulustigen ins Stammlokal gässelten, würde jedermann für unbescheidene Übertreibung halten, wenn es nicht durch Fotografien belegt wäre. Der Empfang bildete den glanzvollen Abschluss der Reise.

Wenige Tage später verdunkelte sich die Szene, und die Jahre der Bedrängnis begannen. Das kommt u.a. zum Ausdruck im Bericht über den Schlussabend, den die ‹Sektion New York› am 15. Dezember 1939 im Restaurant Café Spitz abhielt:

«Die Mobilisation hat einen jähen Unterbruch in unsere gesellschaftliche Tätigkeit gebracht. Die meisten unserer Aktiven sind eingerückt, so dass die Veranstaltung des Schlussabends bis zum heutigen Tage hinausgeschoben werden musste. Es gilt heute den Schlusspunkt zu setzen unter ein Unternehmen, das einzigartig dasteht. Mit einem Rückblick auf das Entstehen dieses Reiseprojektes, ausgehend von der ersten Anregung seitens Dr. Lienert gegenüber dem Präsidenten im Schnellzuge Basel–Zürich, dem sorgfältigen Aufbau bis zur Reife und der Durchführung, gibt der Expeditionsleiter nochmals dem Ausdruck über das restlose Gelingen dieses schwierigen Unternehmens Raum.»

BASEL, den 26. November 1941.

DER REGIERUNGSRAT

DES

KANTONS BASEL-STADT

AN

die Olympia Fastnachtsgesellschaft,

B A S E L .

Regierungsratsbeschluss
vom 25.November 1941.

Tit .

  Mit Begleitschreiben vom 22.ds. haben Sie uns
ein Exemplar der zum Andenken an Ihre Amerikafahrt 1939 heraus-
gegebenen Erinnerungsschrift übermittelt.

  Wir beehren uns, Ihnen für dieses Geschenk, von dem
der Regierungsrat mit Interesse Kenntnis genommen hat, hiermit
den besten Dank auszusprechen und Ihnen mitzuteilen, dass wir es
dem Staatsarchiv überwiesen haben. Der Regierungsrat hat diesem
hübschen Reisebericht sehr gerne entnommen, ein wie schöner Erfolg Ihrer Amerikafahrt an die Weltausstellung in New-York beschieden war, und es gereicht ihm zur freudigen Genugtuung, daraus erneut ersehen zu haben, in welch hohem Masse Ihre Abordnung
in fremden Landen Ehre eingelegt hat für die Vaterstadt Basel wie
auch für das ganze Schweizerland.

  Mit vorzüglicher Hochachtung

  IM NAMEN DES REGIERUNGSRATES

Der Präsident :   Der Sekretär :

A U S S T E L L U N G

D' BASLER FASNACHT

Kunsthalle·Basel
27. Januar — 25. Februar 1945

ZWEITER WELTKRIEG

Rationiertes Gesellschaftsleben

Das Gesellschaftsleben stand in den Kriegsjahren, wie schon 1914–1918, auf Sparflamme. Die Fasnacht, sonst Anfang, Ende und Mittelpunkt, fiel aus. Eher als an die Fasnacht dachte die Gesellschaft daran, ihren Aktiven an der Grenze Pakete zu schikken.

Regelmässig fanden nur noch der Bummel statt und das Monstre. Das Monstre, wiederum einziger Fasnachtsersatz, wurde schlagartig wieder populär. Die drei Vorstellungen waren ausverkauft. 1943 wurden kurzfristig zwei Zusatzvorstellungen beschlossen. 1944 war das Küchlin sechsmal bis auf den letzten Stehplatz besetzt. Im Monstre sahen die Gesellschaften auch die einzige Gelegenheit, sich der Öffentlichkeit zu präsentieren, und sie bereiteten sich daher sorgfältiger denn je vor. 1942 beschloss die Kommission:

«Um dem Publikum eindrücklich darzutun, dass die Olympia trotz dem dritten Kriegswinter stärker als je zuvor beieinander ist, soll ausnahmsweise wieder einmal ein Pfeifermarsch, und zwar die Festspielmärsche, vorgetragen werden, wodurch wir den Gewaltshaufen der Aktiven auf die Bühne bringen.»

In allen Kriegsjahren hat auch der Vogel Gryff mit Beteiligung der Olympia stattgefunden, 1940 allerdings nur im Saal, ohne Talfahrt und ohne nächtlichen Zug von Lokal zu Lokal.

Sorgfältig pflegte die Gesellschaft in diesen Kriegsjahren den Nachwuchs. Einfach war es nicht, denn bedingt durch den Wegfall der Fasnacht liess das Interesse besonders bei den Jungen nach. Man bemühte sich, ‹die Freude am Trommeln und Pfeifen bei den gegenwärtigen Kursbesuchern durch Marschübungen zu fördern›. Ähnliche Bestrebungen waren auch beim Fasnachtscomité im Gang, das 1943 alle Buebezigli zu einer Veranstaltung in die Safranzunft einlud. Es sollte dem Nachwuchs mit Fasnachtsfilmen, Trommel- und Pfeifervorträgen und Guggemusig-Auftritten die Fasnacht in Erinnerung gerufen und der Geist dafür wachgehalten werden. Die Junge Garde der Olympia trat nicht nur auf, sondern sie benützte die Gelegenheit auch, um ‹tambour battant› vom Café Spitz in die Safran zu ziehen.

Wenn patriotische Feiern und andere Anlässe Gelegenheit zum Trommeln und Pfeifen boten, benützte man sie natürlich gerne. Für 1941 ist die Mitwirkung am traditionellen Hirschessen des Erlenvereins verzeichnet, 1942 trat die Olympia zusammen mit dem Quodlibet, dem Schnitzelbänggler Perversarelin und Trachtengruppen aus Basel und Sissach an einer Tagung der helfenden Hand in Zürich auf. Weiterhin stellte die Gesellschaft auch am Aschermittwoch das Spiel E. E. Zunft zu Safran. Zunftbräuche wurden vom Krieg wenig beeinflusst. An der Gesellschaftssitzung vom 3. Juni 1942 wurde berichtet:

«Die Safranzunft hat ususgemäss den silbernen Becher dem dienstältesten Tambour, diesmal Guschti Hasler, verabreicht. Es sind nun gerade 10 Jahre her, seitdem diese schöne Stiftung gegründet wurde, und sie hat trotz dem Krieg keinen Unterbruch erlitten.»

Als grosses Ereignis der Kriegsjahre ist schliesslich die 500-Jahr-Feier der Schlacht bei St. Jakob zu nennen. Sie wurde am 28. August 1944 unter Beteiligung von Bundesräten, kantonalen Delegationen, General Guisan, Universitätsspitzen, Zünften und Gesellschaften abgehalten. Der Hauptharst der Olympia marschierte in den Beresina-Schweizern mit den Drei Ehrengesellschaften, zwei kleinere Gruppen wurden als Spiel der Zunft und den Feuerschützen zugeteilt.

Von internen Querelen wurde die Gesellschaft im Zweiten Weltkrieg verschont, und sie ging mit vereinten Kräften und erleichtert (wie alli Wält) an die Vorbereitung der langersehnten ersten Nachkriegsfasnacht.

1946–1958

Holperiger Neubeginn

Sommer und Herbst 1945 brachten unerwartete Probleme. Denn je näher die Fasnacht rückte, desto mehr vermisste man die sonst vorhandene Routine. Nach dem Unterbruch von sechs Jahren war alles neu zu überdenken und neu zu beginnen. Einzelheiten wie die Reparatur oder die Neuanschaffung von Kopflaternen verursachten ungewöhnliches Kopfzerbrechen. Auch die gesamten Kosten waren, bedingt durch alle Neuanschaffungen, höher als sonst.

Dazu kam, dass wie nach dem Ersten Weltkrieg eine beträchtliche Zahl neuer Olymper mit der bestehenden Clique zusammengeschweisst werden mussten. Und nachdem das besorgt war, fragte man sich, wie man das ‹gewaltige Kontingent von schätzungsweise 35 bis 40 Tambouren› marschieren lassen sollte. Es wurde ernstlich erwogen, zwei Züge des Stammes aufzustellen oder die jüngeren Tambouren in den Vortrupp zu verbannen. Schliesslich wurde man sich einig, dass man es wagen könne, die ganze Clique geschlossen marschieren zu lassen, vorausgesetzt, man übe fleissig.

Als Sujet für die Fasnacht 1946 stand beizeiten das ‹Basler kulinarische Gastflohnikum› fest. Ein ‹gastronomisch-kulinarisches Kollegium›, gebildet von einigen Wirten, die sich gleich Logenbrüdern verbündet hatten, hielt im Schützenhaus sogenannte Ägyptermahle ab, um den Gast zum Feinschmecker zu erziehen. Die Mitglieder führten den Titel ‹Honorus Gastronom›, ihre Gäste wurden als ‹honorable gourmet› angeredet (und sin nadyrlig gwaltig abgrisse worde). Die Kommission unter Präsident Plattner arbeitete das Sujet in allen Einzelheiten aus, wie sie es aus den Vorkriegsjahren gewohnt war, um es dann von der Gesellschaft genehmigen zu lassen. Der Zug wurde so umschrieben:

«Als Vorreiter sehen wir die drei Könige, denen dann die weiteren Mitglieder des Kollegiums, verkörpert durch den Schild ihrer Gaststätten, folgen. Das Schützenhaus ist dargestellt als Ritter Pulverrauch, das Casino durch den Apoll, das Steinenklösterli durch einen Mönch, das Küchlin durch eine Tänzerin, St.Jakob durch einen alten Schweizer etc. Die Laterne stellt eine Suppenschüssel dar, welcher die Pfeifer als Forellen folgen, gleichzeitig das Signet des Kollegiums symbolisierend. Der Tambourmajor re-präsentiert seine Majestät den Gast, dem dann die Tambouren als Gäste folgen.»

Dieses Sujet wurde, ungeachtet der vorgelegten schönen Einzelheiten, in der Gesellschaftssitzung vom 11.Januar 1946 heftig bekämpft und erhielt nach hitziger Diskussion bei mehreren Enthaltungen nur 22 Stimmen bei gleich viel Gegenstimmen. Warum wir das erwähnen? Die Angelegenheit veranlasste in der Fortsetzung der Diskussion ein Mitglied, sich darüber zu empören, «dass Opposition gegen die Kommission gemacht wird seitens einer Gruppe junger Leute. So etwas ist noch gar nie vorgekommen, und er bedauert den Ausfall sehr» (so hän sich dZyte gänderet). Die Sujetwahl wurde dann einer erweiterten Sujetkommission übertragen, die das Sujet bestätigte. Dennoch ist es einen guten Monat vor der Fasnacht nochmals angegriffen und zerredet worden. Es fiel der Vorwurf, man mache einen Reklamezug für die Wirte, und Gerüchte wollten wissen, die Wirte hätten finanzielle Unterstützung zugesagt. Wieder stimmte man ab. Wieder 22 zu 22. Der Präsident gab schliesslich den Stichentscheid für das Wirtesujet. Und wir stellen fest, dass auch beim Sujet die Auswahlmechanismen durch den Unterbruch des Krieges Rost angesetzt hatten (und wie allewyl wenn s demokratisch wird, isch s au komplizierter worde). Die Folge war die Bildung einer Sujetkommission, die das Sujet jeweils vorzubereiten hatte.

Schon fast rührend mutet die Auswahl des Laternenmalers an:

«In dieser Frage steht uns nun Georg Duthaler vom Kunstmuseum beratend bei. In einem Brief erinnert er an Otto Staiger, Peter Birkhäuser, Alex Maier und Alfred Feiler. Der Präsident wird sich also ins Kunstmuseum begeben und die Werke dieser Maler besichtigen und sich mit Georg Duthaler besprechen.»

Der Misserfolg blieb nicht aus, was sich aber positiv auswirkte, denn für 1946 gewann man dann im letzten Moment nochmals Hindenlang für die Laterne. Gewaltig gestiegen waren allgemein die Honorare der Laternenmaler. Der Vorschlag, die Cliquen sollten sich darüber absprechen (dr Gsamtarbetsvertrag fir Ladärnemoler hät gwis e glunge Sujet abgä), wurde nicht weiterverfolgt, da man annahm, einzelne Cliquen würden wohl eine solche Abmachung eingehen, ihrem Maler aber hinterrücks einen

höheren Preis bewilligen (nadyrlig verschwyge mr d Nämme vo däne Seggelpeter).

Den Posten des Zeedeldichters, der nach dem schon 1939 erklärten Rücktritt von Baerwart verwaist war, nahm nochmals Paul Koelner ein. Die Auflage erreichte unerhörte 40000 Stück!

Dann endlich kam der legendäre Morgestraich 1946, bei dem die Stadt lebensgefährlich verstopft war wie nie zuvor und nie danach, und ihm schloss sich eine gute schöne Friedensfasnacht wie in alten Zeiten an. Am Mittwochabend bildete die Olympia einen gemeinsamen Riesenzug in der Reihenfolge: Spitzbuebe–Jungi Olympia–Stammgesellschaft–Alti Garde.

1946 war aber auch das Jahr der Rücktritte aus der Kommission. Ernst Plattner, Carl S. Baumgartner und Hans A. Suter traten, geehrt und geachtet ob ihrer Verdienste, zurück. Auf Plattner folgte Robi Mollinet. Als er 1948 von Basel wegzog, wurde

Noldi Fischer Präsident, doch auch nur für kurze Zeit. Es fehlte der Gesellschaft vorübergehend an einer konstanten Führung.

Sulzbi

Auch beim Laternenmaler war man zunächst am Experimentieren. Während der Zeedel 1947 – er handelte vom ‹Wäntelegsetz› und war als Kantonsblatt aufgezogen – von Blasius stammte, mit welchem sich die Olympia auf Jahre hinaus wieder den Stadtpoeten gesichert hatte, war die Laterne das Werk von Martin Burckhardt. Er erhielt als Dank dafür ein Paar Ski, gleichzeitig aber auch den Abschied. Für 1948 wandte man sich nach einigem Hin und Her an den jungen Alex Maier, um endlich wieder einen Künstler ‹für mehrere Jahre› zu finden. Er sollte es nicht sein, denn im folgenden Jahr ging die Kommission wieder die ganze Liste von Niklaus

74

1963
Sujet ‹IG-Zauber›
Laterne von
Max Sulzbachner
in der Rittergasse

1954
Lithographie
Dr Sulzbi
moolt dr Sulzbi,
wo dr Sulzbi moolt

Stoecklin über Düblin, Herbert Leupin und andere
durch, bis sie zu Ende war (ins Kunschtmuseum het
wenigstens kaine me miesse). Der ratlosen Kommission wurde schliesslich empfohlen, einen gewissen
Max Sulzbachner ins Auge zu fassen. Und das sollte
sich als Glücksfall erweisen, denn Sulzbi schuf
sechzehn Laternen ohne Unterbruch von 1949 bis
1964 und dazu Jahr für Jahr die Zugsskizzen. Sulzbi,
angefressener Fasnachtskünstler von den Zehen bis
zu den Simpelfransen, packte die Aufgabe mit einer
Intensität an wie kein anderer. Nicht nur wegen
seiner Prachtslaternen, sondern auch wegen des
Ideenreichtums, mit dem er die Züge bis ins Detail
gestaltete, dominierte er in seinen Jahren die Wahl
und die Gestaltung des Sujets. Bereits 1949 wurden
die Kostümstoffe nach Mustern des Künstlers einge-
färbt! Und wenn für die Zugskostüme oder den
Monstreauftritt irgendeine vage Idee auftauchte,
begann er sofort, sie in Skizzen auszubauen. 1950
trat die Olympia am Monstre nach einem Rahmen-
stiggli, das von Stalins Geburtstag handelte, auf.
Man rätselte darüber, wie der Cliquenauftritt an den
Rahmen anschliessen könne. Sofort skizzierte Sulzbi
das Bühnenbild mit lauter roten Stalinen, welche auf

1955
Sujet ‹d Räblyte
het si het›
Oben: s Zumftspil
(6 Tamboure im
Vortrab)

Unten: dr Tambour-
major isch dr Merkur
als Zumftmaischter
und d Tamboure sin
Zimfter vo hitte

einer Stalinlarve mit schwarzem Schnauz umgekehr-
te Gugelhöpfe mit Kerzli trugen; die Skizze überzeug-
te so, dass der Auftritt sogleich beschlossene Sache
war. Und so geschah es unzählige Male. Falls
allerdings doch einmal Widerstand gegen Sulzbis
Vorschläge angemeldet wurde, konnte auch seine
cholerische Seite durchbrechen. Wäre jener Saal
nicht inzwischen neu getüncht worden, könnte man
heute noch den roten Flecken besichtigen, den das
im Zorn an die Wand geschmetterte Glas hinterlassen hatte. Was aber Sulzbi unter der Vorbereitung
eines Sujets verstand, zeigte er im Jahr 1950.
Vorgeschlagen war das ‹Goethe-Jahr›. Heftige
Auseinandersetzungen, die der Gesellschaft damals
schwer zu schaffen machten, wirkten sich auch auf
die Sujetwahl aus, und so wollten die Pfeifer sich
weigern, hinter der Goethe-Laterne zu marschieren.
Erst nachdem die Tambouren zum Verzicht auf das
Goethe-Jahr bereit waren, erklärten sich die Pfeifer
für befriedigt und stimmten dem Sujet doch noch zu
(mr kenne dr Läser beruehige: unterdesse sin si alli
erwachse worde). Sulzbi aber hatte für den Fall der
Ablehnung des Goethe-Jahres bereits ein zweites
Sujet, den ‹Brot-Brys›, von der Laterne bis zu den
Kostümskizzen vollständig ausgearbeitet!
Dass kein Laternenmaler sechzehn Jahre lang unge-
teilten Beifall erhält, versteht sich von selbst; etwa in
der Halbzeit, 1956, murrte die Gesellschaft. Die
Kommission stellte sich aber hinter den Künstler,
man glättete einige Unebenheiten, und mit der
weiteren Zusammenarbeit waren wieder alle Beteiligten zufrieden. Da Sulzbi gleichzeitig die Laterne der
Basler Bebbi malte, bürgerte sich der hübsche, unter
Fasnachtscliquen nicht ganz selbstverständliche
Brauch ein, dass ihm beide Gesellschaften zu runden
Geburtstagen gemeinsam ein Ständeli brachten.
Welche Stellung er einnahm, zeigt, dass nicht nur
1954 ein Ständeli im hohen Schnee (dr Sulzbi,
aigewillig wien er isch, het im Jänner Geburtstag)
stattfand, sondern dass er auch noch 1979, vierzehn Jahre nach seinen letzten Laternen, gleich
geehrt wurde.

Die Ära Baumann

Ungefähr zur gleichen Zeit wie den Laternenmaler
fand die Olympia auch den Präsidenten für Jahrzehnte. Im Jahr 1949 hatten, wie schon gesagt, anhal-

tende Streitigkeiten und Querelen verschiedener Gruppen die Gesellschaft weitgehend gelähmt, und gegen Ende Jahr war das Stadium erreicht, in dem die Kommissionsmitglieder im Zorn aus Sitzungen davonliefen und Türen zuschmetterten. An Weihnachten war noch nicht einmal das Sujet für die kommende Fasnacht beschlossen. Ersparen wir dem Leser und den Beteiligten die Einzelheiten des Trauerspiels — es war jedenfalls zwei Tage vor dem Silvester soweit, dass nach der Demission des Präsidenten allgemeine Ratlosigkeit herrschte. Am 12. Januar 1950 bestimmte dann die Gesellschaft, inzwischen etwas abgekühlt und zur Vernunft gekommen, einen jungen Advokaten namens Roger Baumann, seit 1947 als Tambour aktiv — man hatte ihn aufgenommen, ‹da keine nachteiligen Motive vorliegen› —, zum neuen Steuermann. Er blieb es 25

Jahre lang, und das erübrigt eigentlich jeden weiteren Kommentar, ganz abgesehen davon, dass wir uns über Olymper, die selbst noch in dieser Chronik blättern können, nicht oder nur ganz zurückhaltend äussern wollen (mr wänn nit tschuld sy, wenn ene no dr Kamm schwillt). Die Verdienste des Präsidenten Baumann, der, wie zuvor Plattner, eine auseinanderstrebende Gesellschaft wieder zusammengeführt und dann ein Vierteljahrhundert geleitet hat, sind zu offensichtlich, als dass man darüber viele Worte verlieren müsste. Verraten sei lediglich, dass auch seine mit willkürlicher Gerechtigkeit ausgeübte Herrschaft einmal angefochten war. Das war Mitte der Fünfziger-Jahre, als er zuerst das Notariatsexamen machte und dann auch noch heiratete. Da rügte die Kommission, sie werde nicht genügend auf dem Laufenden gehalten, und die Gesellschaft beklagte

1959
Sujet ‹Hula-Hopp,
mir verbleede›
D Pfyffer sin
Schneegäns

1963
Bummel
Hotel ‹Engel›, Liestal
(unten)

V.l.n.r.:
Richard Hablützel
Max Sulzbachner
Max Afflerbach
Alexander Zschokke
Charles Baumann
Paul Schweizer
Bernard Voellmy
Roger Baumann

sich gar über ‹mangelhafte Führung des Vereins-
schiffes› (ob dr Notar oder s Hyrote meh am Presidänt zehrt het, isch nie gnauer untersuecht worde).
In geheimen Wahlen, für die eine ausserordentliche
Generalversammlung einberufen worden war und
vor denen der Präsident reuig zugegeben hatte, dass
‹sein Elan gelähmt war›, wurde er aber einmütig
bestätigt, und in den folgenden fast zwei Jahrzehnten sollte keiner mehr Grund haben, sich über
fehlende Führung zu beklagen. Die Ära Baumann—
Sulzbi gehört zu den Glanzzeiten der Gesellschaft.
Aus ihr nicht wegzudenken sind auch die Zeedel von
Blasius und später von Megge Afflerbach.

Wachstum und Wandel

Die Fünfziger- und Sechziger-Jahre waren gekennzeichnet von einem steten, alles in allem recht
bedeutenden Wandel der Gesellschaft. Da war
einmal die Zahl der Aktiven, die von zunächst rund 80
nach und nach auf rund 120 zunahm. So stattlich
sich dieser Zug auf der Strasse ausnahm — der
Gewalthaufen wollte auch geführt sein. Dazu kam,
dass die Zusammensetzung der Gesellschaft sich
änderte. In früheren Jahrzehnten war sie geprägt von
Familiendynastien, die seit der Gründung dabei
waren und im durchaus berechtigten Bewusstsein
ihrer Verdienste ein entscheidendes Wort mitzure-
den wünschten. Nun kamen neue Gesichter, neue
Namen an den Kommissionstisch. Wohl waren in
der Olympia immer die verschiedensten Berufe und
Schichten vertreten gewesen. Ihr zeitweiliger Ruf als
‹ Herrenclique › war aber doch nicht ganz unbegrün-
det. Denn es gab eine ganze Anzahl älterer Herren,
die ihre Würde auch in der Gesellschaft und an der
Fasnacht zu wahren wussten. Es wird erzählt, welch
grosses, feierliches, einem Ritterschlag vergleichba-
res Ereignis es für jüngere Olymper, die erst seit
einigen Jahren in der Stammgesellschaft mitmar-
schierten, bedeutete, wenn ein Hans A. Suter, ein
Carl S. Baumgartner und andere Grössen das ‹ Du ›
gestatteten (s het aber au nit aifach ghaisse, dass me
zämme Fasnacht macht; s het ghaisse: « Di hämmer
unter d Lupe gno, prieft und mit Iberzygig ufgno! »).
Es hatte in dieser zu Ende gehenden Epoche eine
bestimmende Schicht der Olympia gegeben, und es
hatte Fussvolk gegeben. Fussvolk, das mit allen
demokratischen Rechten ausgestattet war, das

78

1961
Sujet ‹Ich schlage
vor — was mir wänn
anderscht ha›

1962
Sujet ‹Lieschtel
zindet Basel a›
Dr Tambourmajor als
Fyrgiggel und
d Tamboure als
Lieschtlemerrueche
mit gschwullene Kämm

aber wusste, wo es unschicklich gewesen wäre, sie auch zu beanspruchen. Das begann langsam zu ändern.

In der wachsenden Gesellschaft bildeten sich auch neue Elemente. Der Vortrupp, wohl immer als wichtiger Teil des Fasnachtszugs gehegt und von einigen bewährten Getreuen angeführt, aber doch häufig einigermassen zufällig zusammengewürfelt, formierte sich als fester Bestandteil der Gesellschaft. Gleich den Pfeifern und den Tambouren bildeten die Vortrüppler eine Gruppe, die zuverlässig ihren Beitrag zum Zug erbrachte und mit den Jahren zu einem stolzen Harst heranwuchs, dafür aber auch angehört werden wollte. Die Pfeifer und Tambouren ihrerseits erhielten grösseren Zusammenhalt dadurch, dass ihre Übungen nicht mehr erst im Oktober — nach monatelangem Sommerschlaf — begannen, sondern ohne grossen Unterbruch rund ums Jahr abgehalten wurden und werden (zer Beruehigig vo dr spot-pietistische Läserschaft: am Griendonnschtig fallt d Pfyfferiebig us!). Diese verschiedenen Entwicklungen führten insgesamt zu einem intensiveren Gesellschaftsleben. Man sah sich häufiger, man kannte sich besser. Und daraus schliesslich folgte eine erhöhte Bereitschaft der Mitglieder, für die Gesellschaft auch etwas zu tun. Das äusserte sich einerseits bei zahlreichen Anlässen, zu denen die Olympia besondere Attraktionen beisteuern konnte (kai Angscht, mr kemme scho no druf zrugg). Und andererseits gestattete es ihr, die Fasnacht weitgehend in der eigenen Werkstatt, in monatelanger Arbeit aller Mitglieder, vorzubereiten, statt, wie früher bisweilen, möglichst fixfertige Kostüme zu kaufen. Das alles musste sich langsam entwickeln, und es war für den Präsidenten und seine Kommission nicht immer einfach, alle Wünsche unter einen Hut (dr beriehmt Olymperhuet nadyrlig) zu bringen und alle Strömungen immer wieder in die gleiche Richtung zu lenken. Aber es gelang.

Zu dieser steten Entwicklung beigetragen hat sicher die Kontinuität in der Kommissionsarbeit. Präsident Baumann führte, wie erwähnt, 25 Jahre lang. In seine Amtszeit fallen aber auch ungewöhnlich wenig Wechsel anderer Chargen. Und zudem übernahm jedes Kommissionsmitglied bestimmte Aufgaben; der klassische Beisitzer (dä, wo nyt macht usser allewyl alles besser wisse) wurde abgeschafft. Alle hatten genug zu tun und arbeiteten daher friedlich zusammen.

Fahrendes Volk

Niemand wird erwarten, dass ausgerechnet in dieser Zeit zunehmender Betriebsamkeit die geselligen Anlässe zu kurz kamen. Der Bummel nach Liestal blieb ebenso erhalten wie die anderen traditionellen Anlässe, darunter das Hirschessen des Erlenvereins, bei welchem sich seit 1954 die Alte Glaibasler, die Vereinigten Kleinbasler und die Olympia in einem dreijährigen Turnus ablösen. Einzig der Brauch, die Liedertafel am Sonntag vor der Fasnacht von ihrem Ausflug — der Liedertafelfasnacht — am Bahnhof abzuholen und mit Trommeln und Pfeifen heimzubegleiten, ging verloren. Die Liedertafel hatte 1958 eine andere Clique vorgezogen, und das hinterliess einen Riss in der alten Freundschaft mit der Olympia (d Liedertafele isch drno bald drufabe iberhaupt ohni Clique haimdrampt).

Dafür reicherte eine neue Tradition das Gesellschaftsleben an: ein jährlicher Fussballmatch der Pfeifer gegen die Tambouren. Die erste Auflage vom 22. Juni 1947 gewannen die Pfeifer 7:3. Tradition wurde dann nicht nur der jährliche, sorgfältig vorbereitete Match, sondern auch der Sieg der Pfeifer. Die Tambouren revanchierten sich — ebenfalls traditionell — mit einem souveränen Sieg bei einer nachfolgenden Bierstafette (jede het gmacht, was er het kenne). Das Mätschli fand ziemlich regelmässig statt bis gegen Ende der Fünfziger-Jahre und darf als zwar nicht würdiger, aber doch immerhin Ersatz früherer glanzvoller Olymperbälle angesehen werden. Später trat an seine Stelle eine jährliche Velotour. Sie hat ebenfalls ihre Tücken, führt aber zu wesentlich kürzeren Verletztenlisten als der Fussball.

Und dann die Reisen! Die Olympia verreiste weiterhin ausgesprochen gern und häufig. Die Reisen wurden in den Fünfziger- und Sechziger-Jahren hinter der Fasnacht zum wichtigsten Bestandteil des Gesellschaftsjahres. Die Olympia erhielt und pflegte den Ruf einer reisenden Gesellschaft (wär het jetz do ebbis vo ‹Ryslaifer› gsait?). Lang ist die Liste ihrer Fahrten. Sie führten noch zweimal nach New York und Brüssel, nach Paris, Nizza, Dijon, Quimper, Clamecy, Luxeuil, Benfeldt, München, Montreal, Washington, Stuttgart, Frankfurt, Wolfsburg und San Remo. Dazu kamen regelmässige und manchmal recht ausgedehnte Ausflüge im eigenen Land.

Als Kuriosum des Besuchs der Weltausstellung in Brüssel von 1958 sei vermerkt, dass die Basler Regierung einen Beitrag in die Reisekasse leistete (wohrschynlig isch er iber s Kulturbudget abbuecht worde). In besonders lebendiger Erinnerung blieb die Fahrt nach Luxeuil-les-Bains. Es fand dort im Römerbad, einer Arena ähnlich dem Theater von Augst, ein Folkloretreffen statt. Die Olymper, in den Uniformen der Beresina-Schweizer, harrten im Hintergrund ihres Auftritts. Man hatte Verspätung. Es war heiss. Da begann das Publikum ungeachtet der seriösen folkloristischen Vorträge und Auftritte zuerst zu raunen, dann zu lachen und zuletzt zu applaudieren. Zu spät realisierte ein Olymper, der im nahen Gartenbad Abkühlung suchen gegangen war und den ‹Beresina-Schweizer› ersatzlos abgelegt hatte, dass die Arena freien Blick auf das Gartenbad und dessen Sprungturm gewährte …! Anderntags fand noch der obligate Umzug statt. Dessen besondere Attraktion war Laternenmaler Sulzbi, der im Vortrupp mitmarschierte. Auch in die grösste verfügbare Uniform war er nur mit Mühe gegangen, und weder Hosen noch Waffenrock liessen sich schliessen. Da er aber eine irgendwo ‹gefundene› Trikolore schwang, kannte die Begeisterung der Franzosen keine Grenzen mehr (dr Sulzbi isch nadyrlig iberzygt gsi, sy Ruef als Moler syg halt scho bis Luxeuil-les-Bains drunge). Lediglich der Abschied wurde schwer. Der Präsident hatte seine liebe Mühe, nach und nach alle Olymper von den Damen einer Trachtengruppe aus den Pyrenäen loszureissen und in den Autocar zu verfrachten.

Weniger angenehm als diese Erinnerung ist jene an eine Kranzniederlegung, welche bei einer anderen Reise nach Frankreich am Grab des Unbekannten Soldaten geschah. Und zwar nach einer anstrengenden, langen Festnacht am Sonntagmorgen um 10 Uhr, weit ausserhalb des Städtleins am Ende einer langen, heissen Landstrasse. Doch auch solche Strapazen gehören zu den Cliquenreisen. Die Olympia hielt dabei immer sehr darauf, dass sie auch am Morgen nach harten nächtlichen Einsätzen pünktlich und vollzählig bereitstand. Vielleicht erhielt sie darum so viele Einladungen.

Jedenfalls lag auch 1966 für die Weltausstellung 1967 in Montreal wieder eine verlockende Anfrage vor. Die Olymper dachten an die Weltausstellungen in Brüssel 1935, in Paris 1937, in New York 1939 und wieder in Brüssel 1958. Weltausstellungen waren doch eigentlich Olymper-Tradition. Sollte man nicht …? Bis zum letzten Tag der Anmeldefrist war ungewiss, ob sich genügend Teilnehmer melden würden. Immerhin waren die Kosten beträchtlich, und die Reise sollte mehr als vierzehn Tage dauern. Schliesslich kam aber auch diese Expedition zustande. 30 Olymper reisten im Juli 1967 — gekleidet in einen mehr oder minder eleganten, jedenfalls aber einheitlichen grauen Anzug — per Flugzeug nach Kanada. Auch wenn diese Reise nicht den abenteuerlichen Anstrich der Schiffsreise von 1939 nach New York hatte, blieb sie den Teilnehmern als traumähnliches Erlebnis haften. Markanter Höhepunkt war wiederum die 1. August-Feier, diesmal auf der immensen ‹Place des Nations›. Auf der Rückreise schaltete die Truppe Zwischenhalte in New York, Washington und Williamsburg — bei den Fifes and Drums of Williamsburg — ein. Kein Wunder, dass auf dem Rückflug ein Teil der Passagiere der Swissair-Mannschaft einen recht erschöpften Eindruck machte!

Der vorläufig letzte Versuch zur Reise an eine Weltausstellung, nämlich 1969 nach Osaka, fiel leider den hohen Kosten zum Opfer.

Auch von den zahlreichen Ausflügen im eigenen Land blieben einige unvergessliche Eindrücke zurück. 1970, 1974 und 1980 beteiligte sich die Olympia am Winzerfest in Lutry. Sie fühlte sich von Mal zu Mal heimischer im verwinkelten, für das Gässeln wie geschaffenen Städtchen am Genfersee. Als alte Freunde wurden die Olymper jeweils in den einen und anderen versteckten Keller zu einem Zwischenhalt eingeladen, um spritzigen Weisswein gegen Erinnerungen auszutauschen.

Am Basler Tag der Expo von 1964 in Lausanne fehlte die Olympia selbstverständlich auch nicht. Basel delegierte je hundert Tambouren und Pfeifer mit fünf Tambourmajoren. Über Mittag stieg in der Festhalle das Festspiel ‹Voici Bâle›. Anschliessend stand der Turnländerkampf Schweiz—Italien auf dem Programm. Die Tambouren und Pfeifer, die sich während des Festspiels (nit als ainzigi) langweilten, begannen, sich an Reck und Pferd zu vergnügen. Als dann der Turnländerkampf beginnen sollte, setzte es handfeste Auseinandersetzungen mit den Turnern ab. Schliesslich räumten Tambouren und Pfeifer das Feld. Als sie abends programmgemäss zum Nachtessen anrückten, war die Turnerei noch nicht zu Ende. Die hungrigen Trommler schritten zur Rückeroberung des Festzeltes und erzwangen den Abbruch des Länderkampfes. Die einst so enge Verbindung der Olympia mit Turnerkreisen hatte sich eben nach und nach gelockert. War diese Episode wenigstens für die Turner unerfreulich, so erregte folgendes allgemeine Heiterkeit: Den Basler Pfeifern und Tambouren waren für den Expo-Auftritt für teures Geld einheitliche Hosen aus feingemustertem pied-de-poule-Stoff angemessen worden. Da der Basler Tag der Expo (wie die maischte Basler Feschter) unter einem Tief von den Azoren bis zum Kaukasus abgehalten wurde und entsprechend verregnet war, wurden diese schönen Hosen nass. Bis gegen Abend waren sie so eingegangen, dass sie nur noch knapp die Waden deckten!

Für diejenigen, die dabeigewesen sind, gehört auch das Mitwirken an den Fêtes des Vignerons in Vevey von 1955 und 1977 zur Cliquenchronik. Im Jahre 1905 stellten zum ersten Mal Basler Pfeifer und Tambouren das Spiel der Cent Suisses, der Schweizergardisten. Ein Bericht über jenes Fest endet so: «Nous avons vécu un rêve merveilleux, dont la vision est encore présente et nous suivra pendant toute la vie …» Sowohl unsere Freunde von 1955 als auch ‹les increvables› von 1977 werden zustimmen. Noch immer halten die Bande der Freundschaft zwischen dem Lavaux, dem Chablais und Basel. Noch immer trifft man dann und wann einen Bâlois

1949
Sujet ‹dr Waldi›
Laterne
Vorderseite (links)
Max Sulzbachner

1951
Sujet ‹dr Roots-
käller im Blaue Huus›
Laterne
Rückseite (rechts)
Max Sulzbachner

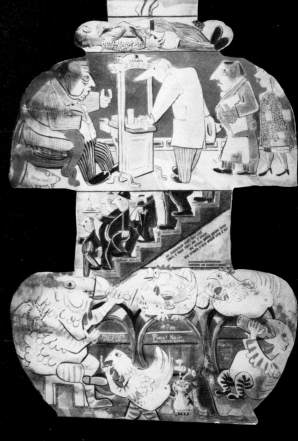

1952
Sujet ‹dr 200 000.
Basler›
Laterne
Vorderseite (links)
Max Sulzbachner

1935
Sujet ‹d Wiener
walze›
Laterne
Rückseite (rechts)
Karl Hindenlang

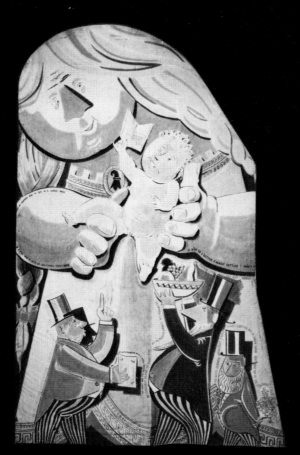
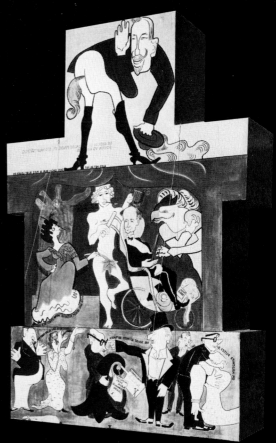

im ‹Chez Pierre› an der Place du Marché in Vevey, und noch immer fühlt man sich in besonderem Mass zum ‹fenêtre du paradis›, zu Epesses, hingezogen, wo die Basler 1977 untergebracht waren. Und ebenso verbindet Freundschaft die Vevey-Olymper mit den Teilnehmern der anderen Cliquen. Vive la fête!

Fasnachtsfabeln und Fasnachtsfakten

Doch blenden wir nochmals weit zurück und von Reisen in alle Welt zur Fasnacht.

Die Beziehungen zum Fasnachtscomité, die noch nie schlecht gewesen waren, hatten sich in den Nachkriegsjahren weiterhin verbessert, als 1946 der alte Olymper Edi Dalang Obmann des Comités wurde und im gleichen Jahr auch noch Ernst Plattner zum Comité stiess (är het die scheeni neji Tradition begrindet, dass usdienti Olymperpresidänte in s Comité gehn).

Vom Comité selbst ist aus jener Zeit zu notieren, dass es die Zahl der Monstre-Aufführungen rasch erhöhen musste, denn waren es 1946 noch vier, so landete man 1954 schon bei acht Vorstellungen. Damit war zwar nicht die Nachfrage gedeckt, wohl aber das Durchhaltevermögen der auftretenden Cliquen weitgehend erschöpft. An der Fasnacht selbst machte sich das Comité nolens volens durch immer ausführlichere Empfehlungen zur immer aussichtsloseren Regelung des Fasnachtsverkehrs unbeliebt. Das ging so weit, dass es eine 1949 neu gegründete Clique, die ‹Gundeldinger›, zunächst nicht voll subventionieren wollte, ‹um weiteren Neugründungen vorzubeugen›. Das betraf aber die Olympia nur indirekt, indem es ihre eigenen Subventionen hätte schmälern können. Und auf die war sie in den Fünfziger-Jahren besonders angewiesen, weil die zunehmende Zahl von Aktiven und die dadurch bedingten Kostümkosten ihr ernste Finanzprobleme bescherten. Es herrschte übrigens damals darüber Einigkeit, dass mit 27 Tambouren das Maximum dessen erreicht sei, was finanziell und qualitativ noch zu tragen sei!

1951 hatte die Olympia das Preistrommeln organisiert. Als es 1953 niemand übernehmen wollte (au das het s scho gä!), sprang sie gleich nochmals ein, ‹um der Stadt Basel einen kulturellen Anlass zu erhalten›.

1960 wurde vom Comité — wie immer in enger Zusammenarbeit mit den Cliquen — wieder einmal eine neue Routenvariante mit Warteräumen und einem Stück Contre-Marsch erprobt. Die Stauungen wurden dadurch nicht behoben, und im folgenden Jahr blieb wieder nur der frühe Abmarsch an den Fasnachtsnachmittagen und die Hoffnung, damit erreiche man ‹den neuralgischen Punkt beim Comité› vor den anderen. Dieser neuralgische Punkt ist bis heute geblieben, wenn er auch um einen zweiten Comité-Standort und die unvermeidliche Fernsehkamera, vor der sich Cliquen, Grüpplein, Einzelmasken und Wagen ebenfalls produzieren und stauen, vermehrt worden ist (und ass me au mit dr Fähri iber e Rhy ka, het d Olympia zwor usegfunde, aber das darf si nit verrote).

Um den Monstre-Marathon zu verkürzen, liess man ab 1961 jährlich einige Gesellschaften — zunächst waren es vier, worunter gleich die Olympia — pausieren. Nicht mitverantwortlich war die Olympia für eine andere Neuerung: 1963 prämierte der Literaturkredit Fasnachtszeedel — eine Neuerung, die sich zur allgemeinen Erleichterung nicht hielt. Immerhin hatte die Kommission sich in jenem Jahr mit dem Problem zu befassen, was mit der Zeedelprämie, die

84

1960
Sujet ‹s Schlange-
fänger-Kaffi
zer Yamsknille›
s Requisit,
e Dinosaurier

Megge ihr prompt erdichtet hatte, zu geschehen habe. Der Schreiber durfte nach langer Beratung protokollieren, man habe sich im Einverständnis mit dem Verfasser des Zeedels darauf geeinigt, den zugesprochenen Betrag der Gesellschaft zur Beförderung des Guten und Gemeinnützigen zu überweisen.

Am Zug der Fasnachtsnachmittage änderte sich kaum etwas. Das Kütschli, das schon in den Dreissiger-Jahren mitgeführt worden war, wurde 1949 zum festen Bestandteil des Zuges und blieb es auch dann, als sein ‹Erfinder› Max Sexauer selbst nicht mehr aktiv war. Max Sexauer, Direktor der heute grössten Basler Brauerei (die ‹Ainzigi› derfe mr nit sage, sunscht gumpt is dr Gnoche an Grage), der die Olympia während Jahren nur vor Warteck-Baizen halten liess, wollte 1949 nach längerem Aussetzen wieder aktiv werden. Lange Fussmärsche waren ihm jedoch zuwider. Und so fuhr Sexauer eben, zusammen mit seinem Prokuristen Max Meury, fortan in der Kutsche mit. Sie hat ihn überlebt, auch wenn sie

heute weniger den älteren als den trägen Vortrüpplern dient. Einmal hätte sie auch die Kunstmalerin Lotti Kraus mitführen sollen. Angesichts der Umtriebe, die es verursacht hätte, bei jedem Halt eine Frauensperson vor der rüden Männergesellschaft zu verstecken, kam man vom revolutionären Vorhaben aber wieder ab. Nicht unangefochten blieben die Vorreiter. In der Gesellschaft kam es zu Opposition, als einmal sieben und in einem späteren Jahr immerhin noch fünf Vorreiter aufgeboten wurden. Die Kosten solcher Pferdeherden führten dann wieder zurück zu drei Reitern. Da kamen die Bedenken nur noch von aussen, vom Fasnachtscomité, das den Gesellschaften gelegentlich nahelegte, die von Vorreitern ausgehenden Gefahren zu bedenken und auf sie zu verzichten, mindestens aber gute Haftpflichtversicherungen abzuschliessen. Die Olympia liess es bei den Vorreitern und einer Versicherung bewenden. Passiert ist bis dato zum Glück nichts, sieht man von jenem Reiter ab, der mehr unter dem Pferd als darauf anzutreffen war und das nervöse Ross schliesslich heimschicken musste. Dieser Zwischenfall ist aber atypisch, weil dabei Alkohol im Spiel gewesen sein soll (wohrschynlig het s Ross z vyl Wysse drungge).

Ein- oder zweimal nach dem Krieg betätigte die Olympia sich am Fasnachtsdienstag, der sich mehr und mehr zum dritten Fasnachtstag zu entwickeln begann, als Guggemusig. Dann blieb sie auch am Dienstag beim angestammten Metier und gässelte von 1953 an für manches Jahr geschlossen, im Jubiläumsjahr 1958 sogar einheitlich im Pierrot. Für einige Jahre wurde es Brauch, zum Zyschdigszigli die Frauen einzuladen. Die Mehrheit der Olymper hat diesen Brauch sehr zu schätzen gewusst.

Als rarer Gast zeigte die Olympia sich in den Jurylokalen der Comité-Schnitzelbänke und am Schlussabend, wo sie 1938, 1948 und 1956 die strenge Folge der Bänke auflockerte. Ansonsten aber reihte sich Fasnacht an Fasnacht ohne Zwischenfälle, die der Nachwelt überliefert werden müssten. Und das ‹Olymperschybli›, das seit den Gründungsjahren verdienten Mitgliedern nach Lust und Laune der Kommission geschenkt worden war, erhält seit 1954 jeder Olymper, der an zehn Fasnachten aktiv mitgemacht hat.

50 Jahre

Ein grosses Ereignis der Nachkriegsjahre war selbstverständlich das fünfzigjährige Jubiläum, das 1958 (e, wär hät au das dänggt!) mit Glanz und Gloria gefeiert wurde. Die Chronik der Gesellschaft kam zwar wieder einmal nicht zustande, weil Chronist Dr. h.c. Paul Koelner erkrankt war, doch ein Herrenabend und ein Familienfest, wie sie unterdessen bei Cliquen-Jubiläen schon fast de rigueur geworden sind, boten der Olympia genügend Gelegenheit, sich zu feiern und feiern zu lassen. Glänzend gelungen war vor allem der Herrenabend. Er fand im Café Spitz statt. Der grosse Saal war ausgeschmückt mit Laternenbildern, welche ein Olymper mit den damals neuen und faszinierenden Neonröhren prachtvoll beleuchtet hatte. Es war die passende Ambiance für ein pausenloses Wechselspiel von pointierter Rede und Gegenrede mit der Übergabe von Geschenken. Von allen Jubiläumslobliedern sei nur gerade dasjenige zitiert, welches das Comité gesungen hat:

Hänn Si das gheert? Das sinn no ‹Mätzli›,
Wo jede Schlag am rächte Plätzli,
Dr hinderscht Bebbi kunnt in Trance,
Mir Basler hänn do wirgglig Chance,
Erfrait doch unser Gniesser-Ohr
s olympisch Spiel sit fufzig Johr!
Und s Comité, der ‹Firscht› voraa,
Begliggwinscht sy ‹Olympia›.

Vo Aafang het d Olymperpflanze
Rächt guet gedeiht im grosse ganze,
Wenn s au, indäm das Baimli wachst,
Nit sälte-n-im Gebälgg het gnackst …
Die maischte Clique hänn das Ibel,
Hänn näbe Kibel — Ehrekibel,
Doch wenn me die bezähme ka,
Denn glänzt me — wie d Olympia.

Fir s Drummle mit ganz bsundrem Schliff,
Sin halt d Olymper e Begriff.
Nit nur bi uns — die ganzi Wält
Rieft, wenn sie kemme: ‹Jetz het s gschällt!›
E Boy us de New Yorker Slums,
Är kennt sie gnau, d Olympic Drums.
Und au z Paris sait jederma:
So ruesst halt nur d Olympia.

Doch gnueg — y will kai Red do schwinge,
Y mecht ich nur e Griessli bringe
Vom Fasnachtscomité — es sait,
s haig an däm Fescht e grossi Fraid.
Und machet in däm Styl nur tichtig
So wyter, denn s isch klar, der richtig
Olympisch Friehlig foht erscht a
Bi hundert Johr Olympia!

50 Dol. OLYMPIA
+
2000 Dol. BASEL

88

1958
Sujet ‹2050 Johr
Fasnacht›
Laternenentwurf
Vorderseite (links)
Rückseite (rechts)
Max Sulzbachner

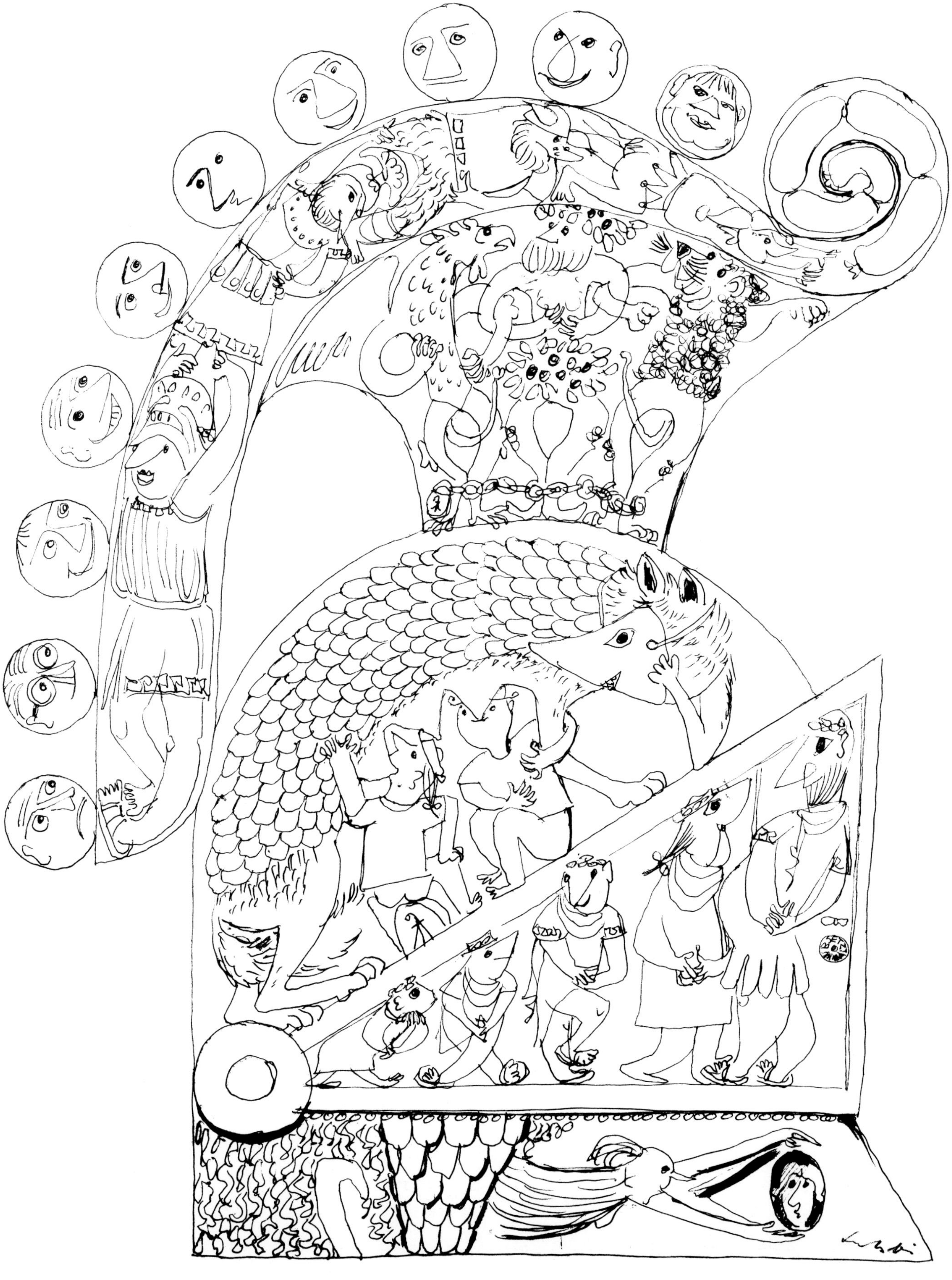

89

1958
Morgenstreich
Gerbergasse

BIS ZUR GEGENWART

Abschied von der guten alten Zeit

Ein weiteres denkwürdiges Ereignis war das 25jährige Jubiläum, das die Junge Garde 1960 beging. Schon unmittelbar nach dem Krieg hatte die Trommel- und Pfeiferschule sechzig Tambouren und sieben Pfeifer aufzuweisen. Die Junge Garde gedieh unter den Fittichen des Stamms. Nicht nur stiftet er dem Nachwuchs seit 1954 das Zvieri an den Fasnachtsnachmittagen und das ganze Jahr über die Trommel- und Pfeiferlehrer; seit die Menschenmenge am Morgestraich zur bedrohlichen Druggede geworden ist, marschieren Stamm und Junge Garde auch am Morgestraich gemeinsam bis zum ersten Halt. 1947 führte dieser Marsch durchs Kleinbasel und nicht, wie sonst üblich, direkt in die verstopften Grossbasler Gassen. Damals war allerdings in Kauf zu nehmen, dass das Kleinbasel am Morgestraich beleuchtet war (me het schynts dr rächt Schalter nit gfunde oder nonig gha — uf jede Fall het irgend ebber im EW nit gschaltet). Erst 1960 konnte die Olympia zum Nutzen des Kleinbasels die Verdunkelung auch der Querstrassen und -gassen am Morgestraich durchsetzen und wieder im Kleinbasel beginnen. Seither geht auch für die Kleinbasler Gesellschaften zur rechten Zeit das Licht aus (und si kenne erscht no marschiere, statt in der Grossbasler Druggede d Fiess in Buuch z stoh).

Wenn wir von all diesen Wandlungen und Entwicklungen bis zum Ende der Sechziger-Jahre erzählen, so müssen wir auch daran erinnern, wie sehr die Stadt, in der das alles sich abgespielt hat, sich verändert hat. Verzichten wir auf nostalgische Jeremiaden — um wieviel haimeliger, überblickbarer und menschlicher Basel gewesen ist, zeigen die idyllischen Geschichten rund um die wöchentlichen Trommelübungen. Sie dauerten jahrelang bis weit (sehr wyt!) in den Donnerstagmorgen hinein und endeten häufig auf dem Claraposten. Das will keineswegs sagen, dass ehrenwerte Olymper von ordnungswütigen Gugelhopfmännern (d Schugger hän dert no allewyl dr scheen alt Bobby-Helm agha, dass me dr Unterschid gseh het zu de Schaffner vo dr dytsche Bundesbahn) in Gewahrsam genommen worden wären. Man stattete der Mannschaft des Clarapostens, alles alten, lieben, zum Quartier gehörenden Bekannten, einen Besuch ab und zechte, wenn nach dem Café Spitz auch der Greifen die Polizeistunde für gekommen erklärte, auf dem Posten weiter. Als wohlerzogene Gäste brachten die Olymper das nötige Bier für sich und ihre Freunde gleich mit, und die so verbrachten frühen Morgenstunden sollen auch den Polizeimännern in angenehmer, wenn auch manchmal etwas verschwommener Erinnerung geblieben sein. Probleme gab es nur, wenn das Bier ausging. Einmal war das um 3 Uhr morgens der Fall. Die Olymper knobelten aus, wer aus ihren Reihen es zu beschaffen habe. Der Auserkorene fand, er könne, wiewohl in den Kleinbasler Baizen ein häufiger und gerngesehener Gast, nicht ‹einfach so› um diese Tages- bzw. Nachtzeit Bier holen gehen. Die Freunde und Helfer liehen ihm einen Polizei-Ledermantel und einen Helm und fuhren ihn im Überfallwagen, einem offenen alten DKW, zum Rheinfelderhof, wo der Nachtportier zunächst verdattert und dann erheitert öffnete und die nötigen Harassen herausrückte. Die Zecherei konnte weitergehen. Ausgerechnet an diesem frühen Morgen erschien aber bald darauf ein Vorgesetzter aus dem Spiegelhof. Es bedurfte der ganzen Diplomatie des uniformierten Olympers, den Vorgesetzten auch noch zu einem Becher einzuladen, bei dem dann die allgemeine Versöhnung so weit gedieh, dass der Olymper — mittlerweile wieder in Zivil — um 7 Uhr früh mit dem Polizeiwagen nach Hause gebracht wurde. Diese haimeligen Zustände endeten erst mit der Versetzung der altgedienten Polizeimannen auf irgendwelche andere Posten.

Ein weiteres Stücklein Paradies ging den Olympern verloren, als sie 1963 aus dem alten Café Spitz ausziehen mussten. Dort hatten für eine Clique ideale Zustände geherrscht. Die Olympia konnte sich darin fühlen, als ob es ihr gehörte. Dass manchmal an gewöhnlichen Wochentagen um 2.30 Uhr morgens auf dem Buffet noch getrommelt wurde, war nur ein Teil der Freiheiten. Der Olympia standen alle Räume zur Verfügung. In der Wirtschaft konnte sie die neuen Kopflaternen nicht nur malen, sondern gleich auch zum Trocknen stehenlassen. Der Servierbetrieb lief darum herum weiter. Dass das alte Café Spitz nachgerade als etwas heruntergekommen galt, störte die Gesellschaft nicht. Ihr war es wohl darin. An einem Samstagabend brach dann im Dachstock ein Brand aus, der den Abbruch des Hauses endgültig besiegelte. An ihm lobend zu erwähnen ist einzig, dass er wenigstens das Käm-

Tambourmajore
1961: en Alti Dante
(links)
1963: dr Ober-IG-
Zauberer (rechts)

1965: d Fair Lady
(links)
1969: dr dänggmol-
gschitzt Burger-
maischter (rechts)

1948
Sujet ‹dr Kanton
Jura›
Laterne
Vorderseite (links)
Rückseite (rechts)
Alex Maier

1968
Sujet ‹d NZ paggt
haissi Yse a›
Laterne
Vorderseite (links)
Kurt Pauletto

1977
Sujet ‹s eidge-
nessisch Schwing-
und Älpler-Fescht
z Basel›
Laterne
Rückseite (rechts)
Roland Gazzotti

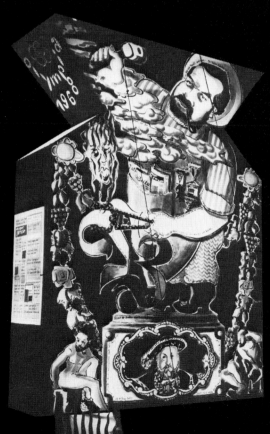
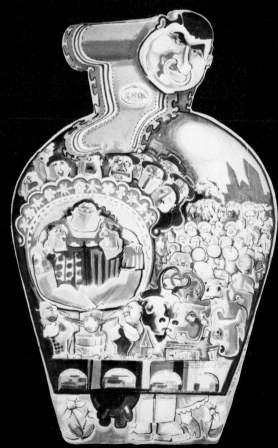

1960
Bummelabschluss,
Tagwacht in der
Rheingasse

Stammtischrunde
nach der letzten
Trommelübung im
alten ‹Café Spitz›, 1962
V.l.n.r.:
Gusti Apel
Peter Baumann
Werner Grässlin
Paul Martin
Toni Bagutti
(unten)

merli, das sich die Junge Garde eben in mühevoller
Fronarbeit eingerichtet hatte, verschonte. Doch das
hinderte nicht, dass das Café Spitz für den Abbruch
geräumt werden musste. Am 30. September 1963
zog die Olympia aus. Bald darauf legten irgendwelche Banausen Feuer, und das altehrwürdige Gebäu-
de brannte aus (vergässe mr nit, dass dodrzue die
halbi Stadt gjublet het, jetzt syg die alti Hitte äntlig
dunde und me kenn e scheene Nejbau anestelle!).
Für die Olympia folgten Jahre der mühsamen
Verhandlungen mit den Exponenten der Café Spitz
AG. Denn sie wollte den sonst ungenutzten Estrich
des Merianflügels als Cliquenlokal ausbauen.
Schliesslich gewann sie einen Teil des Estrichs für
sich, und die von ihr ausgebaute Stube ist bis heute
geblieben (im Gegesatz zue mängem Baizer, wo
undedra ko und wider gange isch …).
Die Stimmung des alten Café Spitz vermag indessen

auch der beste und beflissenste Wirt nicht mehr herzuzaubern. Bis es soweit war und das heutige Café Spitz zur feierlichen Eröffnung bereit, musste die Olympia sich wenigstens nicht heimatlos fühlen. Sie fand von 1963 bis 1972 Unterkunft in der Alten Schmitti beim unvergesslichen Fritz Hammel, wo sie nochmals die kräftige, manchmal nicht ganz frische, aber immer gesunde Luft einer währschaften Klein-basler Wirtschaft einsog.

In die gleiche Zeit fiel schliesslich auch noch der Wechsel des traditionellen Bummelortes. Der Leser weiss, wie lange und wie gern die Olympia den Engel in Liestal auf- und heimgesucht hatte. Mit dem Generationenwechsel (in dr Baiz, nit bi dr Olympia) hatte man sich ein wenig auseinandergelebt. 1972 wechselte die Gesellschaft nach Magden in die Sonne, wo sie wieder so gut aufgehoben war, dass sie Jahr für Jahr auf wechselnden Pfaden — aber

immer zu Fuss — anrückte. Sie nahm die Tradition mit, ein eigenes Programmli zusammenzustellen, das dann für möglichst spritzige Unterhaltung sorg-te, wenn die Basler Dorfmusik am Atemholen war. Der Sonne in Magden blieb sie treu bis 1981, als das Sääli abgebrochen wurde (nit vo de Olymper, notabene!).

Wichtige Wechsel

Die Gesellschaft musste sich in jenen Jahren aber auch mit personellen Veränderungen abfinden. Bereits 1965 hatte sie einen neuen Laternenmaler zu suchen — Sulzbi hatte das rauschende Fest seines sechzigsten Geburtstags zwar noch gut überstan-den, bekam danach aber seinen legendären Herzin-farkt und pinselt seither leider keine grossen Lampen

mehr (aber zem Troscht vo syne Frind ka er sich uf em Ladärnli vo de Alte Bebbi jetzt vyl unschynierter usläbe). Bis 1972 malte danach Kurt Pauletto der Olympia farbenprächtige Laternen mit einem grossen Reichtum an Porträts stadtbekannter Persönlichkeiten (oder vo sonige, wo s uf die Art hän wele wärde). Pauletto beschränkte sich als Künstler darauf, die Laterne zu malen. Die Zugsgestaltung mit sämtlichen Kostümentwürfen überliess er der Gesellschaft, deren Mitglieder hier ihre Fantasie austoben konnten. Brauchten sie aber Rat und Hilfe des Künstlers, so stand er ihnen jederzeit zur Verfügung. Es entwickelte sich eine ausgezeichnete Zusam-

menarbeit, für die bezeichnend ist, dass der Künstler seine Laternenentwürfe am Bummel feierlich verschenkte. Erst als in der Gesellschaft die Idee aufkam, es sollte auch noch die Laterne ‹us aigenem Bode› stammen, quittierte Pauletto — verständnisvoll und in bester Freundschaft — den Dienst. Seit zehn Jahren ist nunmehr Tambour Roland Gazzotti Laternenmaler der Olympia. Die Kontinuität ist, gegenüber früheren Jahren, auch hier beachtlich geworden!
Als Präsident führte Roger Baumann bis 1974 die Gesellschaft. Er blickte auf ein Vierteljahrhundert erfolgreicher Arbeit zurück. Die Entwicklungen, von

1968
Sujet ‹d NZ paggt
haissi Yse a›
Dr Tambour-
major isch
dr Heinrich vo Biel,
genannt der Kühne,
und dä vornedra
isch en au (links)

1969
Sujet ‹s Laub(er)-
Hütte-Fescht an
dr Stadthuus-Gass›
D Vorryter sin
Stubegnächt vo de
Heerezimft … (rechts)

… und d Pfyffer
sin roti
Burgerreetene

‹The Flying Tigers›
Olympereigene Boden-
akrobatiktruppe

1979
Lammfest
‹Circus Olympia›
Zeichnung von
Armand Bailleux

denen wir erzählt haben, hätten sehr leicht zu Krisen,
zu Abspaltungen, sogar zum Auseinanderbrechen
der Gesellschaft führen können. Dass sie geschlossen dastand und fähig, sich in allen wichtigen Fragen
zu einigen, ist gewiss nicht selbstverständlich.
Roger Baumann hat sie diplomatisch und geschickt,
manchmal zäh, manchmal souverän, manchmal
(zem Gligg) auch autoritär dazugeführt (und dodruff
darf er ruehig e weneli stolz sy). Strapaziert wurde er
eigentlich nur dann, wenn ihm aufgeregte Mitglieder
des Comités am Donnerstag oder Freitag nach der
Fasnacht telefonierten, es seien auf der Strasse
noch trommelnde Olymper gesichtet worden (ain
het emol am Frytigzobe em Trolleybus dr Wäg
verspeert, won er die letschti Dagwacht vor sym
Huus an der Gränzacherstross gruesst het).
Auf Roger Baumann folgte Alex Fischer — die
Olympia wagte es aufgrund ihrer guten Erfahrungen,

1979
Lammfest
‹Circus Olympia›
Festvorbereitungen
rund um die
Theodorskirche

sich nochmals einem Advokaten anzuvertrauen (aber si het dasmol aine usgsuecht, wo s Notariatsexame und s Hyrote scho hinter sich gha het). Ihm blieb es vor allem vorbehalten, die Beteiligung der ganzen Gesellschaft an der Sujetwahl, an der Gestaltung der Züge und an allen Vorbereitungsarbeiten auszubauen. Die Olymper standen schliesslich auch ausserhalb der Fasnacht für grössere gemeinsame Unternehmungen zur Verfügung. Präsident Fischer konnte mit ihnen an Stadtfesten und bei anderen Lustbarkeiten Einsätze planen, die eigentlich weit über das hinausgehen, was man von einer Fasnachtsgesellschaft glaubt erwarten zu können (und drnäbe het dä gstresst Presidänt nadyrlig syt Johre miesse s Jubileum vorberaite …).

Festwirtschaften

Seit Jahren war die Olympia in zunehmenden Mass auch an Stadtfesten in Erscheinung getreten. Das ergibt sich ganz zwangslos daraus, dass solche

Stadtfeste in den letzten fünfzehn bis zwanzig Jahren seuchengleich um sich gegriffen haben. Die erste eigene Festwirtschaft betrieb die Olympia am solennen, aber eben wieder einmal verregneten Unifest von 1960 (500 Jahre Universität Basel). Sie richtete im Keller der Union Handels-Gesellschaft AG am Petersgraben die ‹Yamsknille› (in Alähnig an s Sujet, wo s nej Museumskäffeli usgspilt het) ein. Nicht nur wegen des Wetters, das die Massen in gedeckte Räume trieb, sondern auch wegen der von Sulzbi bemalten Wände war die Wirtschaft zum Bersten gefüllt. Der damalige Chef der UHG hatte zunächst bedenklich seine fast adelige Stirne gerunzelt, als er von Malereien auf den neuerstellten Betonwänden hörte. Er legte grossen Wert auf die Verwendung von abwaschbaren Farben. Nicht minder grossen Wert legte er aber post festum auf die Erhaltung der Malereien, mit denen er zu einmalig günstigen Bedingungen einen prächtigen Wandschmuck erhalten hatte. Jedenfalls war der Erfolg der Festwirtschaft gewaltig. Die Junge Garde trommelte den

1963
Morgenstreich (oben)

1974
Sujet ‹Regio
Basiliensis —
10 Johr Aigegool›
In dr Chaise sitze
zwei Regio-
Fasnächtler (unten)

Petersgraben hinauf und hinunter und betätigte sich
als ‹Schlepper› (zem Usglych fir die gueti Tat het
aine vo ene drno e Stinggbembli in Käller bänglet, wo
d Lyt wider vertribe het). Die Begeisterung war fast
allgemein. Einzig die Erbauer eines weiteren Dekora-
tionsstückes, eines nahezu neun Meter langen
Dinosauriers — eben des ‹Yams› —, der mit gewalti-
gem Aufwand als Requisit des Fasnachtszugs geba-
stelt worden war und nun den ganzen Keller dominierte, erlitten einen Dämpfer, als ein lieber Freund
den Keller betrat, den ‹Yams› ins Auge fasste und
die Bemerkung fallenliess: «Ah, isch jetz das die
Spitzmuus!»

Am Stadtfest des Jahres 1975 richtete die Olympia
auf dem Areal der alten Universität am Rheinsprung
das ‹Casino Olympia› ein, ein Spielcasino mit
grossem Festzelt und nicht weniger grossem An-
klang. Kaum zu übertreffender Höhepunkt (fascht
allzue hoch isch er ainzelne gsi) war 1979 der
‹Circus Olympia› am Lammfest, zugunsten des
Altersasyls zum Lamm: Abgesehen von der obliga-
ten Wirtschaft in einem grossen Zelt, brachte er
einen eigentlichen Zirkus mit Programm (ob d Laje
und Leoparde luschdiger gsi sin oder d Gleen — do
driber stryte sich d Fachlyt hitte no) und selbstge-
kochtem Galadiner und dazu eine Menge von Buden,
Verkaufsständen und Aktiönchen. Der Erfolg war
riesig, kaum weniger riesig aber die Erschöpfung der
ganzen Gesellschaft, die bis zum letzten Mann (und
mängere Frau oder Frindin drzue!) im Einsatz gewesen war. Teilweise noch eine Folge dieser Erschöpfung war dann die nächste Festbaiz am Fährifescht
von 1981: Die Olympia betrieb sie zusammen mit
den Basler Bebbi, und die friedliche Zusammenarbeit von zwei grossen Cliquen darf als nachahmens-
werte Neuerung in der Fasnachtsgeschichte erwähnt werden.

1977
Lithografie für
das Preistrommeln
und -pfeifen
Roland Gazzotti

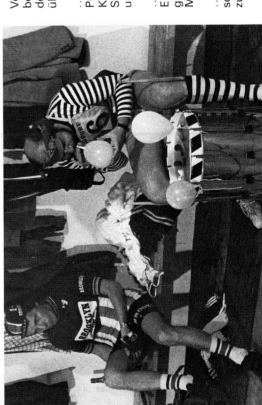

Olympia presents:
‹Dr Drummelmarathon›
Herbst 1976. Die
Olympia steckt mitten in
den Vorbereitungen zum
‹Offizielle Brysdrummlen
und -pyffe 1977›. Nebst
einem neuen
Austragungsmodus will
man auch dem tierischen
Ernst, der diesen Anlass
schon seit Jahren
beherrscht, zu Leibe
rücken. In einer
‹olympischen
Olympiade› wird das
Gerangel um den Titel
eines ‹Drummelkeenigs›
persifliert. In einem 16-
mm-Kurzfilm versucht
die Olympia zu zeigen,
wie man es nicht machen
soll.

Links, v.o.n.u.:

Tödlicher Ernst
hinter der Kamera …

… und beim
Maskenbildner.

Volle Konzentration
bei den Konkurrenten
des Drummelmarathons
über 42 987 km …

… und beim
Publikum, das die
Kassen des St.-Jakobs-
Stadions stürmt,
um … …

… dem einmaligen
Ereignis einer
gigantischen
Menschen- … …

… und Material-
schlacht beiwohnen
zu können.

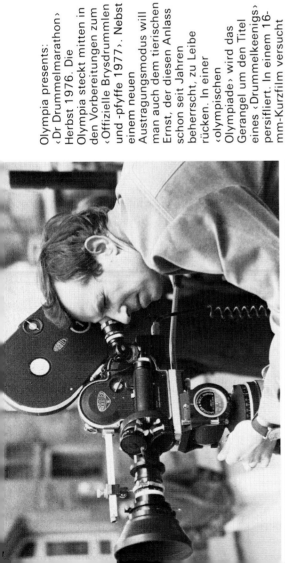
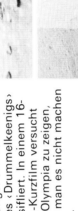
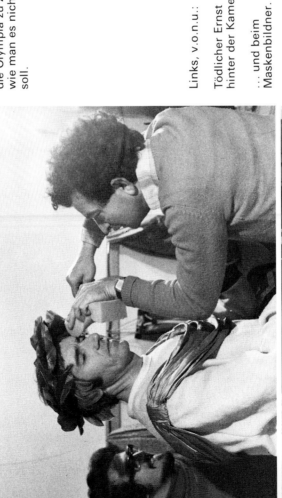

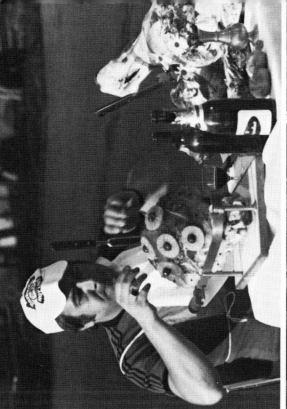

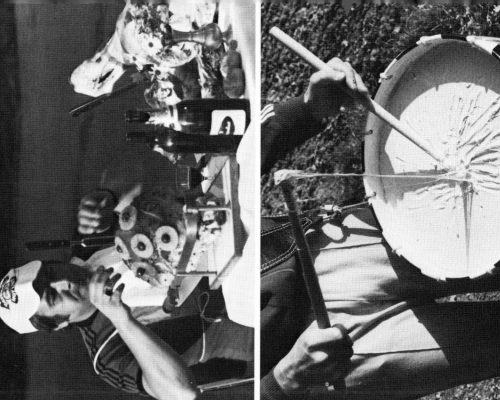

Rechts, v.o.n.u.:

Die Konkurrenten
setzen sich bis zum
äussersten ein ...

... und erreichen
vollständig
erschöpft die
erste Zwischenetappe:
Bergpreiswertung —
am Imbergässli.

Ein weiterer dra-
matischer Höhepunkt
des kassenfüllenden
Thrillers: die Rhein-
traversierung der
noch verbliebenen
Konkurrenten ...

... und die Irrwege
eines nicht mehr
100prozentig frischen
Teilnehmers.

Während bei der
Verpflegungspause
kulinarische
Höhepunkte ihren
Tribut fordern ...

... zeigen sich
ernsthafte
Materialermüdungs-
erscheinungen

1973
Sujet ‹d Birger-
wehr› (l)

1976
Sujet ‹s Ereffnigs-
schloofe im Hotel
Basel›
D Pfyffer sin
Journalischte, wo
firschtlig schloofe …
(oben)

… und d Tamboure
sin Minzer, Spärber
und s Lysettli
(unten)

Neueste Nachrichten

1977 organisierte die Olympia zum dritten Mal das
offizielle Preistrommeln. Um das Programm wieder
auf eine erträgliche Dauer zu kürzen, führte sie den
neuen Austragungsmodus mit einer Vorrunde ein
(und si isch hit nonig sicher, ob das s Ai vom Colum-
bus oder e gweenlig Kuckucks-Ai gsi isch). Vor allem
aber suchte sie das Preistrommeln, das mehr und
mehr zu einem tierisch ernsten Anlass ohne jeden
fasnächtlichen Anstrich geworden war, wieder etwas aufzulockern. Sie zog es im Stil und mit den
Formalitäten der Olympischen Spiele auf, mit Eid,
Entzündung des Olympischen Feuers und Medail-
lenübergabe. Höhepunkt war der Film vom Trommel-
marathon, der nicht nur erheiternd anzusehen war.
Der Filmequipe blieben auch die Dreharbeiten in
bester Erinnerung. Das Preistrommeln fand An-
klang. Es in dieser Form durchzuführen, bedeutete
aber einen solchen personellen Aufwand, dass es
von Jahr zu Jahr schwieriger wurde, eine Stammgesellschaft dafür zu gewinnen. Bis zum dem lieben
Leser bekannten Jahr 1983, in welchem das Preistrommeln überhaupt nicht stattgefunden hätte,
wenn nicht im allerletzten Moment mehrere Stamm-
gesellschaften sich der Möglichkeit entsonnen hätten, gemeinsam etwas zu unternehmen. Ob es aber
je gelingt, den Trommelkönigen und allen, die es

1979
Sujet ‹s isch verhäxt›
E baar Prachtshäxe
(links und rechts)

1978
Sujet ‹s ganz Johr
Fasnacht›
D Pfyffer sin
Oschter-Haasnächtler

werden wollen, den tierischen Ernst abzugewöhnen, das steht auf einem anderen Blatt. Die jährliche Konkurrenz hat eben mit der Fasnacht wenig zu tun (und schliesslig isch au d Fasnacht sälber gar e ärnschti Sach!).

In den letzten zehn Jahren schliesslich wich die Olympia an der Fasnacht mehr und mehr vom quasi klassischen Konzept für die Gestaltung eines grossen Zugs ab, indem sie für den ganzen Zug einheitliche, im Detail aber variierte Kostüme auf die Strasse stellte. Der erste Versuch war der Bürgerwehrzug von 1973. Vom vordersten Vortrüppler bis zum hintersten Tambour trug jeder die Uniform der Bürgerwehr. Die Ausgestaltung der Kostüme im Detail besorgte aber jeder einzelne nach Belieben,

und diese Konkurrenz — wer hat die ausgefallenste Idee (und die flyssigschti Frau)? — führte zu einer ungeheuren Vielfalt in der Einheit. Der Bürgerwehrzug war als einmaliges Experiment gedacht, gefiel denen, die dabei waren, aber so, dass 1979 ein Hexenzug ähnlicher Art beschlossen wurde. Die 120 Aktiven in gleichen Grundkostümen, von denen dann doch nicht zwei gleich aussahen, wirkten gut. Die Möglichkeit, nicht nur die Larve selbst zu machen — seit 1965 stand dafür der von initiativen Vortrüpplern ausgebaute Keller des St.-Alban-Stifts zur Verfügung —, sondern auch das Kostüm nach eigenen Ideen allein oder gruppenweise liebevoll auszubauen, kam dem Wunsch der Aktiven entgegen, auch in der grossen Masse Individuum zu sein

1982
Sujet ‹dr Wald hets
satt — er kunnt
in d Stadt›

(jede het sich kenne vorko als sy aige Schyssdrägg-zigli). Es folgte 1981 ein zweiter, lediglich durch die violetten Rekruten ergänzter Bürgerwehrzug, und 1982 kam nach gleichem Rezept der Wald in die Stadt. Kein Wunder, dass im Jubiläumsjahr schliesslich jeder Olymper sein eigenes Königreich haben musste.

So hat die Olympia seit 75 Jahren Fasnacht gemacht. Und wenn es dem lieben Leser vorkommen will, als ob sie jetzt etwas selbstgefällig in den Spiegel schaue — wär mit 75 so wenig Runzle het, darf das! Sodeli, das wärs.

Dieter Moor

Die Kommission im
Jubiläumsjahr 1983
V.l.n.r., sitzend:
Victor Pensa
Alex Fischer
Toni Bagutti
Willy Bühler

Mitte:
Werner Emhardt
Freddy Glaser
Peter Bruckner
Werner Waldhauser
Jürg Peter

Hinten:
Peter Pardey
Theo Kim
Jörg Emhardt
Urs Schwald
(auf der Foto fehlt
Philip Baumann)

Besuch in einer Werkstatt für Trommelbau in Basel

Trommeln aus Holz für «Agfrässeni»

An der Haustür kann der Besucher statt der Glocke den «Lälli», die Zunge, die ihm ein «Lällekeenig» entgegenstreckt, als Klopfer benützen. Im früheren Elternschlafzimmer stehen etwa 20 neue oder reparierte Trommeln zum Abholen bereit. Aus anderen Stuben und aus dem Keller hat Fredy Werber Werkstätten gemacht. Im Badezimmer weicht er die Kalbfelle ein.

Anstelle einer «Spritzkanne» oder «Pauke»

Vor 50 Jahren baute sich Fredys Vater, Gustav Werber, die erste Trommel für den Eigenbedarf. Sie klang so hell wie das «Gleggli», mit dem in Basel eine gute Trommel zu vergleichen pflegt, und war meisterhaft angefertigt. So kam es, dass zuerst Tambouren seiner eigenen Clique, später auch andere eine Trommel von ihm haben wollten an Stelle einer «Spritzkanne» oder «Pauke», was Übernamen für metallisch oder aber dumpf tönende Trommeln sind. Aus der Freizeit-Beschäftigung wurde ein Nebenberuf.

Fredy, der wie der Vater Buchdrucker im Hauptberuf und Tambour in der Fasnachtgesellschaft «Olympia» ist, führt seit 1962 auch die Tradition als Trommelbauer nach Feierabend weiter. An Nachfrage fehlt es nicht. Es gibt in Basel schätzungsweise 2000 Tambouren. Dazu kommen Mitglieder von Tamourenvereinen in anderen Landesgegenden. Trommelbauer sind jedoch in der Schweiz selten geworden. Noch seltener sind sie in den Vereinigten Staaten. Deshalb haben amerikanische «drum and fife corps» bisher sechs Trommeln der bei ihnen üblichen Art von Fredy Werber bauen lassen. Sie kamen zu seiner Adresse durch einen Basler, der zur Ausbildung nach Übersee ging und sich auch mit der amerikanischen Trommeltradition befasste — einer Tradition, die mindestens auf den Unabhängigkeitskrieg zurückgeht.

MONSTRE-TROMMEL-KONZERT

unter Leitung des Fastnachts-Komitees

Dienstag, den 24. Februar 1914, abends 8 Uhr in Küchlin's Variété-Theater

PROGRAMM

1. Prolog
2. Centralclub . . . . Morgenstreich
3. Trommelschule der Olympia . . . . Lehrübung
4. Waisenknaben . . . . Steinkohlen
5. Jüngere Lälliclique . . . . Vaudois
6. Jüngere Olympia . . . . Mätzli
7. Beppiclique . . . . Neue Schweizer
8. Zopfclub . . . . Vaudois
9. Bolleronisclique . . . . Schnitzelbank
10. Riehentorkämmerli . . . . . . Buren
11. Alte Steinlemer . . . . Näpeli
12. Lälliclique
13. Olympia   :: Loos-Trommeln ::   * *
14. Vereinigte Kleinbasler
15. Spinnehirniclique . . . . Schnitzelbank
16. Pumpclub . . . . Arabi
17. Tambouren und Pfeifer sämtl. mitwirkenden Cliquen . . Schlegel

Kein Plausch am Messingputzen

Das Verchromen der Messingtrommeln kam einst auf, weil vielen Tambouren das Messingputzen mit Sigolin zu mühsam war. Heute aber werden die gelben Trommeln durch einen Lack vor dem Anlaufen geschützt, lassen sich leicht sauberhalten, sind aber dennoch selten geworden. Ob verchromtes oder unverchromtes Messing — der Klang ist der gleiche.

Trommeln mit den vor einiger Zeit aufgekommenen Plasticfellen halten so ziemlich jeder Witterung stand, tönen aber sozusagen farbloser als Trommeln mit Kalbfellen. Diese hören sich hingegen bei feuchter Luft oder gar bei Regen dumpf an und sind schnell eingeschlagen.

Felle von Schweizer Kälbern eignen sich nicht für Trommeln, da die Tiere auf unseren Weiden oft an Zäune aus Stacheldraht geraten. Dabei werden die Felle verletzt und geschwächt. Vielfach stammen deshalb die Trommelfelle von Kälbern, die in amerikanischen oder englischen «Fleischfabriken» aufgewachsen sind, wo es keinen Stacheldraht gibt.

Geradezu aufregend gut klingen die Trommeln, die Werber nach Vorbildern aus dem 16. Jahrhundert mit Zargen aus Buchenholz statt aus Messing baut. Seine ersten Holztrommeln waren für die Zunft «Zu Safran» bestimmt, weitere für die Zunft «Zum Schlüssel». Inzwischen leisten sich auch besonders «agfrässeni» Tambouren ausserhalb der Zünfte solch kostbare Instrumente. Deren Gewicht beträgt übrigens etwa vier Kilogramm, ein halbes Kilogramm weniger als jenes von Metalltrommeln.

Gute und andere Sitten

Die Trommeln reagieren mindestens so stark auf Wetterumschläge wie die Basler im allgemeinen und die Tambouren im besonderen. Im Unterschied zu den Fasnächtlern würden die Trommeln das Einkehren in Wirtschaften wegen des Temperaturwechsels schlecht vertragen und müssen deshalb bei jedem Halt draussen auf dem Trottoir bleiben. Dort sind sie in der Regel sicher vor Diebstahl. Nach alter guter Sitte gelten sie als tabu — abgesehen von Ausnahmen, die in den letzten Jahren vorkamen.

Nach gutem Brauch pflegt man den Kauf einer neuen Trommel zu begiessen, und zwar spendiert nicht der Verkäufer den Wein; vielmehr bringt der Käufer ihn mit. no.

Zugs-Verzeichnis
zur Basler Fastnacht 1911 u. Erklärung sämtlicher Züge, Gruppen und Musiken

Nach deren Angaben zusammengestellt und herausgegeben vom
FASTNACHTS-KOMITEE

Olympia.

Sujet : Verunstaltung der Langen Erlen.

Zugsordnung :

Berittene: Deutscher Adler, Helvetia, Basilea
Gruppen: Festungsartilleristen, Tiere aus dem Erlenpark, diverse Requisiten, Lokomotive
Laterne: Gefrässiges Tier (Vampyr mit Pickelhaube)
Pfeiffer: Bundesräte
Tambourmajor: Eidg. Eisenbahndepartement in Karrikatur
Tambouren: Strohmänner

Zettel!

„Adie Du, gäll kensch mi nit?"
Heißt's uf alle Straße;
Wotsch gern wisse, was es git
Vo de Klai und Große,

Kauf mi! Still di Wunderfitz
An der Fasnacht ihrem Witz;
Läng ins volli Portmenee,
Heftig dankt der

's Komitee.

143 OLYMPER
UNTER EINEM HUT

Bleistiftzeichnung
von Max Sulzbachner

Aus diesem unbewiesenen Grunde
hat alle Zeit und jedes Land
Witz, Vorrecht, Herrschaft, Ruhm und Freiheit
allein dem Hute zuerkannt.
(Joh. Christian Günther, 1695–1723)

Em Alex git dr Roger no-n-e Root:
Du waisch doch, ass es ohni Huet nit goht.
(Laternenvers 1975)

Dass der Hut in der Olympia seit eh und je eine ernst
zu nehmende Rolle gespielt hat, ist ein alter Hut.
Dass er jedoch auch aus völkergeschichtlicher Sicht
ein höchst interessantes Objekt darstellt, dürfte
weniger bekannt sein.
Ursprünglich war der Hut nur Kopfschutz: Er sollte
gegen die schädlichen Einwirkungen der Sonne oder
gegen die Kälte schützen. Aber schon in frühesten
Zeiten wurde der Hut vom Kopfschutz immer mehr
zum Kopfputz. Damit fingen die Probleme an: Der
Mensch begann sich unter anderem mit Kappen,
Hauben, Helmen, Kronen, Lorbeerkränzen, Mützen,
Baretts, Filz-, Pelz-, Stroh-, Zylinder-, Kugel- und
sonstigen Hüten zu schmücken, um gewisse Vorzü-
ge der eigenen Person dem Nächsten vor Augen zu
führen. Später wurde der Hut von der Mode erfasst.
Damit wuchsen die Probleme ins Unermessliche und
in den Bereich des Irrationalen. Nicht etwa, weil mit
der Mode auch die Frauen ins Spiel kamen, sondern
weil die Mode auf zwei Gegensätzen aufgebaut ist:
dem Hang zu kollektiven Bindungen und zu schüt-
zender Uniformität einerseits und dem Drang zu
individueller Eigengestaltung und Persönlichkeits-
prägung andererseits. Vielleicht gehört gerade deswegen die Chronik der Mode zu den interessanteren
Teilen der Völkergeschichte (und die Chronik des
Hutes zu den pikanteren Teilen der Geschichte der
Olympia).
Mit dem Hut konnte vieles ausgedrückt werden: die
soziale Stellung, das Amt, das Alter, das Geschlecht,
die Religionszugehörigkeit, aber auch Gemütsbewe-
gungen wie Freude und Schmerz. In einem gewissen
Sinne vertrat der Hut die ganze Person, wie dies in
alten Redensarten zum Ausdruck kommt: «Sieh Dir
den Hut an, den ich trage, ehe Du um meinen alten
bittest» (was soll ich Dir geben, wo ich doch selbst
nichts habe) oder: «Einen geborgten Hut tragen» (in
Schulden stecken) oder: «Der Hut gehört nicht auf

einen solchen Kopf» (was er sich anmasst, steht ihm
nicht zu).
Es kommt nicht von ungefähr, dass sich der Hut auch
im Rechtsbrauchtum eine wichtige Stellung er-
oberte: Er war Wahrzeichen der Herrschaft, Feld-
und Hoheitszeichen, aber auch Rang- und Standes-
abzeichen. Dass der Hut in der Schweizergeschichte
zum wohlbekannten Konflikt zwischen dem Land-
vogt Gessler und Wilhelm Tell führte, weiss nachgerade jedes Kind. Es ist auch nicht erstaunlich, dass
der Hut nicht nur im öffentlichen Leben, sondern
auch in der Ehe ein Wahrzeichen der Herrschaft war.
Er wurde gar zu patriarchalischen Sprüchen miss-
braucht: «Ein Hut ist mehr als hundert Hauben»
oder: «Hut geht vor Haube.» Im Interesse einer
ausgewogenen Berichterstattung muss jedoch darauf hingewiesen werden, dass es auch Ehen gab, in
welchen die Frau den Hut auf hatte, wie dies beispielsweise bereits vom Dichter Friedrich Hagedorn
(1708–1754) besungen wurde: «Der Mann ward
wie es sich gebührt, / von seiner lieben Frau
regiert, / trotz seiner stolzen Männlichkeit! / die
Fromme herrschte nur gelinder / ihr blieb der Hut
und ihm die Kinder.»
Bei so viel Symbolträchtigkeit erstaunt es nicht, dass
dem Hut auch in der Geschichte der Olympia schon

immer eine grosse Bedeutung beigemessen wurde. Erstmals wird er in den Protokollen des Jahres 1911 erwähnt. Damals wurde nämlich von einem eifrigen Kommissionsmitglied vorgeschlagen, man solle ‹einige komische Kopfbedeckungen im Kasten versorgen, um bei den Sitzungen durch diese Narrenkappen jeweils eine komische Stimmung hervorzurufen›. Dass bei einem derartigen Vorschlag manchem Kommissionsmitglied der Hut hoch ging beziehungsweise der Kragen platzte, ist leicht verständlich. Jedenfalls bedurfte es keiner Narrenkappen, um dafür zu sorgen, dass die ehrwürdigen Olymper nach ihren Sitzungen den Hut auf halb zwölf sitzen beziehungsweise Öl am Hut hatten …

Während Jahren war der Hut kein Thema mehr in der Olympia. Alle trugen einen Hut. Werktags und sonntags. Die Olymper ausserdem am Vogel Gryff und am Bummel. Erst als die Mode auf den Hut keinen Wert mehr legte, also den Hut an den Hut steckte, wurde auch der Hut wieder Gegenstand von heissen Diskussionen. Völlig respektlos wurde anlässlich der Generalversammlung 1972 beantragt, den Hut in der Olympia überhaupt abzuschaffen. Ein Ansinnen, welches die Gemüter zu Recht erregte. Ein mancher hätte dem Antragssteller am liebsten eins auf den Hut gegeben. Alles Lamentieren nützte jedoch nichts: Da konnte man den Hut nicht nach dem Wind rücken, da hiess es Farbe bekennen: Hut oder nicht Hut, das war hier die Frage. Im übrigen hätten viele gerne gewusst, ob hier nicht der Hut geschlagen wurde und der Kopf gemeint war. Derart bange Fragen mögen den Ausschlag gegeben haben. Die Freunde des Hutes schwangen in einer Abstimmung jedenfalls knapp obenauf. Dies war wohl das entscheidende Ereignis, denn von diesem Moment an ging es mit dem Hut nur noch aufwärts: Er erlebte eine wahre Renaissance. Am 9. Juni 1976 sprach sich die Generalversammlung sogar einstimmig (bei wenigen Enthaltungen) für den Hut aus. Laternenverse wie «Es duet mir irgendwie sauguet, obwohl er brennt, my neye Huet» sind als ebenso hoffnungslose wie verzweifelte Rückzugsgefechte der Hutgegner zu werten.

Heute kann sich das Publikum die Olympia ohne Hut nicht mehr vorstellen. Auch wenn man den Hut nicht vor jedem Laternenpfahl abzunehmen braucht, möchten doch viele Olymper den Hut als Mittel zum Gruss auch nicht mehr missen, frei nach dem alten Sprichwort «Hut in der Hand hilft durchs ganze Land». Jedenfalls kann man von zahlreichen Olympern nicht behaupten, sie seien zu faul zu grüssen, oder — wie sich der Volksmund früher ausgedrückt hätte — sie hätten Vögel unter dem Hut. Tatsächlich hat in der Olympia auch niemand Grund, den Hut tief ins Gesicht zu ziehen und zu Boden zu blicken. Am allerwenigsten der Präsident. Denn solange sich die 143 Olymper unter einen Hut bringen lassen, braucht er sich nicht zu beeilen, den Hut zu nehmen.

Alex Fischer

ZEM USZUG VO DR OLYMPIA US EM GRYFFE

Use mit de Trummle, Pfyffe!
Hitte gilts im alte Gryffe
Und was alles drum und dra!
Demoliert mit ihre Raize
Wird die Liebschti vo de Baize,
Uszieh muess d Olympia.

Do, wo syt so viel Johrzähnte
Vor der Fasnacht, der ersähnte,
D Schleegel danzt hänn uf em Fäll,
Gits in näggschter Zyt e Lugge,
Und mer mien is dorum drugge
Us em Gryffe meegligscht schnäll.

Haimetschutz, es isch zem Hyle!
Aine wider vo de vyle
Haimelige Winggel rutscht
Hit der Ewigkeit in Rache,
Wo-n-er mit vyl andre Sache
Mit em Breo zämmebutscht.

Gryffe, e Stigg Haimetärde!
Du, wo d Stadt hesch gross gseh wärde,
By dym Fall wird s Härz mer waich;
Nimme heersch d Olympia drummle,
Kaini Masge gseesch meh dummle,
Us ischs mit em Morgestraich.

Doch es nutzt kai Schimpfe, Flueche,
Und d Olymper mien halt sueche
Fir der Gryffe-n-e-n-Ersatz,
Und si hän au aine gfunde,
Nur bitzli wyter unde;
Dert im Spitz isch au no Platz.

Kopf hoch und lehn d Härze glopfe!
Wyter bim e guete Dropfe
Pfläget s Drummle, Fasnachtswitz!
Mit de Drummle, alti Zyte,
Dien mer hit in s Grab Eych lyte
Und mer ziehn in s Kaffi Spitz.

Theobald Baerwart

PREISTROMMELN GESTERN UND HEUTE

Das erste, der staunenden Nachwelt durch einen Artikel im ‹Schweizerischen Volksfreund› bekanntgewordene Preistrommeln wurde ohne Olympia durchgeführt. Der Grund für dieses scheinbare Beiseitestehen ist ein denkbar einfacher: Der Anlass ging bereits im Jahre 1879, am 17. Hornig, in der Bierbrauerei ‹Glock› über die Bühne!
In der Folge fanden diese vom bekannten Tambourmaître Severin organisierten Konkurrenzen, bei der die Zahl der Teilnehmer zwei Dutzend nie überstieg, jährlich bis zu zwölfmal statt.
Am 22. Februar 1912 führte das ‹Fastnachts-Comité› in der Burgvogteihalle ein ‹Offizielles Preistrommeln› durch, dem aber wenig Interesse beschieden war—im Saal herrschte beinahe gähnende Leere. Dieser Misserfolg und die folgenden schweren Kriegsjahre liessen das ‹Offizielle› sterben und erst nach zwanzig Jahren wieder neu aufleben.
1932, am 15. Hornig, organisierten der CCB und die Basler Bebbi im grossen Saal der Safranzunft das erste ‹Offizielle Preistrommeln und -pfeifen› unter dem Patronat des Fasnachtscomités.
Schon damals gab die Bewertung der Teilnehmer Anlass zu heftigen Diskussionen. Anfänglich erstellten die in der Jury sitzenden ‹Spitzentambouren› einfach eine Schlussrangliste! Verschiedene Auffassungen dieser Koryphäen bewirkten jedoch öfters auch ‹zufällige› Sieger. Aus diesem Grunde wurde eine Konkurrentenkarte eingeführt, auf der die Noten unter Berücksichtigung von Fehlern, Unreinheiten und Interpretation eingetragen wurden. In den Jahren danach wurde diese Konkurrentenkarte ‹verfeinert› und zu einem eigentlichen Notenblatt entwickelt. Auf diesem musste die Jury für die verlangten sechs Verse eines ausgelosten Marsches die Noten für folgende Streiche eintragen: Rufe, Schlepp, Doublé, Batafla, Bataflafla, Endstreiche, Mühlereedli, Märmelistreiche. Dies ergab zusammen mit dem ‹allgemeinen Eindruck› maximal siebzig Punkte, verringert um die Abzüge für Randschläge, falsche Streiche, Fehler im Vers und falsche Verse.
Inspiriert durch die Taxation beim STV (Schweizerischer Tambourenverein) wurde das Notenblatt Ende der Sechziger-Jahre ein weiteres Mal geändert, und dabei ist es bis heute geblieben. So kann der Tambour für die ‹technische Ausführung› zwanzig Punkte, für die ‹Dynamik› zehn Punkte und für den

Soll.   Abrechnung Preis-Trommeln & Pfeiffen pro 1920.   Haben.

Febr 27 Freiwillige Beiträge:			Febr 27 Polizei-Bewilligung		3.—
Hieron. Spreyermann	20.—		Rechnung Publicitas Inserat	32.50	
Ernst Frey-Kraue	5.—		" Nat. Zeitg.	29.—	61.50
A. Eglisch	5.—		Nota Emil Hug		40.10
Rudolf Sutter	5.—		Fritz Hanfler		40.—
Fasnachts-Comité	50.—		C. Eichenberger		29.80
A. Forthueler	5.—	90.—	Saldo-Vortrag z Gesellschaftsrechnung		123.60
205 Eintrittskarten à f 1.—	205.—				
6 " à -.50	3.—	208.—			
		298.—			298.—

‹Rhythmus› seines Vortrages weitere zehn Punkte erhalten. Für falsche Streiche und Randschläge sowie für Fehler im Vers und falsche Verse, letztere zwei durch ein Tonband festgehalten, erhält er Abzüge in der Höhe von 0,1 bis drei Punkten.

Nicht nur die Notengebung, auch der Austragungsmodus änderte sich im Laufe der Zeit. Bis in die frühen Sechziger-Jahre wurde keine Auftrittsreihenfolge vorgeschrieben. Dies hatte zur Folge, dass sich die Konkurrenz bis in die frühen Morgenstunden erstreckte, die Jury vorzeitig ermüdete und sich die Konkurrenten hinter der Bühne psychologisch zermürbten. Vergeblich versuchte man in den folgenden Jahren durch die Auslosung von Startnummern die Dauer zu verkürzen, stieg doch die Teilnehmerzahl beständig an. Bei einer Beteiligung von siebzig Tambouren und neunzig Pfeifern und bei einer durchschnittlichen Auftrittszeit von vier Minuten dauerte der Hauptanlass immer noch gute zehneinhalb Stunden. Dazu kamen eine Verpflegungspause für die Jury und die an die Einzelausmarchung anschliessende Gruppenkonkurrenz. Kurz gesagt, ein Preistrommeln begann nachmittags um 13 Uhr und endete anderntags um 4 Uhr mit der Rangverkündigung und Preisverteilung!

Erst der durch die Olympia für das ‹Offizielle 1977› erstmals eingeführte Modus mit Vorausscheidungen sorgte für Abhilfe. In einer Vorrunde, ausgetragen in zwei Tambouren- und zwei Pfeifersälen, qualifizieren sich pro Saal je die zehn besten Tambouren und Pfeifer plus je die fünf besten Gruppen für die Endrunde, welche innert vernünftiger Zeit eine Konzentration meist sehr guter Vorträge bringt. Damit wurde der Anlass vor allem auch für die Zuhörer attraktiver gemacht.

In all den Jahren wurde das ‹Offizielle› zu einem festen Bestandteil des Basler Fasnachtskalenders. 1951, 1953 und 1977 wirkte die Olympia als Organisatorin; ebenso 1983 zusammen mit fünf anderen Gesellschaften. Immer wieder stellte die Olympia auch Jurymitglieder, und als erfolgreiche Teilnehmer dürfen von der älteren Generation Namen wie Mix Hug, Ernst Wüthrich und Max Fessler genannt werden. Aus jüngerer Zeit noch in bester Erinnerung sind die drei aufeinanderfolgenden ersten Plätze des Pfeifers Urs Schweizer und der Tambourengruppe Pardey—Eble—Isenegger.

Toni Bagutti

DR SAFFREBÄCHER

1964
Bummel, Hotel ‹Engel›
Liestal
Roger Baumann
(links) erhält den
Safranbecher
von Siegi Pettermand
Rechts:
Max Sulzbachner

Es liegt einige Spannung über der olympischen Bummelgesellschaft, wenn der Vertreter der Safranzunft — meist der Zunft-Meister selbst — am Fasnachtsbummel das Wort ergreift und den Safranbecher übergibt. Man werweist, wen es wohl treffe, wer an der Reihe sei. Ein Pfeifer? Ein Tambour? Und manch ein Olymper fragt sich, wann er wohl drankomme.

Wie es zur Stiftung des Safranbechers gekommen ist, sagt uns die Urkunde der Zunft aus dem Jahre 1933 (Seite 116).

Tatsächlich hat die Olympia schon bald nach ihrer Gründung das Zunftspiel gestellt. Viele Olymper waren und sind heute noch safranzünftig. Und der Zufall wollte es, dass am Bummel des Jahres 1982 mit Dieter Weber der momentane Spielchef den

1936
Spiel E. E. Zunft
zu Safran
V.l.n.r., vorne:
Max Höhner
Ernst Plattner
Willy Mollinet
Ruedi Oser
Ernst Fürst
Hans A. Suter
Ruedi Brand
Roby Mollinet
Ernst Grüninger
Hinten:
Rudolf Heusser
(Stubenknecht)
Paul Graf
(Vorgesetzter)
Karl Kirchhofer
(Bannerherr)
Willi Schelker
(Begleiter)
August Hasler
Alfred Hosch
(Begleiter)

114

50. Safranbecher erhalten hat. Die Liste zeigt, dass bis zum Jahr 1983 einunddreissig Tambouren und zwanzig Pfeifer an der Reihe gewesen sind.

Die Olympia leistet der Zunft, wie es in der Urkunde erwähnt ist, ‹ausgezeichnete Dienste›, ganz besonders natürlich beim gegenseitigen Besuch der Herrenzünfte am Aschermittwoch. Aber es ist nicht zu übersehen, dass das Vergnügen auch auf Gegenseitigkeit beruht und dass viele Olymper, Pfeifer und Tambouren, manche frohe und schöne Stunde im Kreis der Zunft verbracht haben und heute noch verbringen. Dies schreibend, höre ich in Gedanken jemanden ‹s Schiff …› rufen. Aber keine Angst, liebe Olymper, es werden hier keine Internas in Sachen ‹Schiff› verbreitet. Lediglich ein Bild des sagenumwobenen Pokals sei passend plaziert, damit jedermann sehen kann, in welchem Becher uns

der Willkommtrunk der Zunft anlässlich der Aufnahme kredenzt wird. Wir alle — oder fast alle — haben uns daran gewagt, und manch einer hat den Tambour, welcher das Prozedere mit einem Wirbel begleitet hat, fast zur Verzweiflung gebracht.

Alljährlich tritt das Spiel an einem Januar-Samstag am Fabian-Sebastian-Mähli auf. Meist wird dann zwischen zwei Pfeifermärschen von den Tambouren eine ‹Tagwacht› geruesst. Einmal hat offenbar einen dieser drei Tambouren ein gewisses Lampenfieber befallen und ihn möglicherweise ins Schwitzen gebracht. Wie dem auch sei, mitten in der ‹Tagwacht› entglitt ihm der eine Schlegel, fiel zu Boden und rollte … unter die weiss gedeckte, zunftsilberbeladene Tafel zu Füssen von Meister Bruckner. Was ist unserem armen Tambour anderes übriggeblieben, als mit hochrotem Kopf seine Trommel abzuhängen

1982
Spiel E.E. Zunft
zu Safran
V.l.n.r., vorne:
Urs Ganz
Dieter Weber
Roland Isenegger
Urs Beat Pfrommer
Werner Waldhauser
Gogo Schlager
Mitte:
Urs Schwald
Hans Aeschbach
Jürg Peter
Alex Fischer
Felix Peter
Hinten:
Peter Pardey
(Vorgesetzter)
Toni Bagutti

E. E. Zunft zu Safran

an die

Fastnachtgesellschaft „Olympia"

Anlässlich des 25 jährigen Jubiläums der Fastnachtgesellschaft „Olympia" und in dankbarer Anerkennung der ausgezeichneten Dienste, die seit mehr als zwanzig Jahren safranzünftige Mitglieder der „Olympia" als Spielleute E. E. Zunft zu Safran zuweilen am Aschermittwoch und an anderen vaterländischen Anlässen uns geleistet haben und noch erweisen, hat der Zunftvorstand in seiner Sitzung vom 11. Oktober 1933. einstimmig beschlossen wie folgt:

1. Alljährlich an der Fastnacht wird dem am Zuge der Olympia mitwirkenden an Fastnachtsdienstjahren ältesten Tambour oder Pfeifer ein silbernes Gobelet mit Widmung überreicht. Die Übergabe erfolgt an einem der Fastnachtstage mit einem Kredenztrunk.

2. Die genannte Auszeichnung wird nur einmal an dieselbe Person verliehen, Anrecht erlangt dann der zweitälteste Aktivtambour oder Pfeifer u. s. f.

3. Diese Fastnachtsspende erfolgt so lange als die Mehrheit der Spielleute zu Safran sich aus Mitgliedern der Olympia zusammensetzt.

Gegeben zu Basel, den 14. Oktober 1933.

Der Zunftmeister: Der Statthalter:

‹s Schiff›
Trinkpokal
der Safranzunft
(Historisches Museum
Basel)

und auf den Knien unter den Tisch kriechend seinen Schlegel zu suchen. Seit damals spricht man in Spielkreisen vom ‹robbenden Tambour im Kugelregen›.

Dass es auch an den Aschermittwoch-Zunftessen zuweilen hoch zu- und hergeht, verwundert kaum jemanden. Die Gilgenstube im ersten Stock des Zunfthauses dient dann dem Spiel als Garderobe. Während Jahren zeigte sich dort ein Zunftbruder jovial grüssend und den Spielleuten freundlich zunickend. Kunststück, es ging ihm ganz einfach darum, seinen Obolus für die offizielle Garderobe einzusparen und Hut und Mantel in der Stube des Spiels zu deponieren. Sein Trick hatte eigentlich während Jahren ganz gut funktioniert, bis Willy zur Rache geschritten ist. Mit einer kleinen Schere (Schneider tragen das Instrument stets bei sich) trennte er das Schweissband vom Hut unseres Freundes und legte es natürlich wieder sorgfältig zurück. Auch an diesem Aschermittwoch kam der

Moment, wo die Safranbrüder sich im Treppenhaus besammelt hatten, um dort die befreundeten Hausgenossen zur Visite zu begrüssen. Unser Zunftbruder hatte seinen Hut aufgesetzt. Und erst beim Erscheinen des Zunft-Meisters zog er ihn schwungvoll und rief den Ankommenden seinen Gruss zu …, wobei das Schweissband an seiner Stirn klebte. Unnötig zu sagen, dass er vom nächsten Jahr an seine Garderobengebühr anstandslos entrichtete.

Nun, es gäbe noch einiges zu erzählen über das olympische Safranzunft-Geschehen. Es soll aber sein Bewenden haben mit Paul Koelners Vers, welcher auf nunmehr 51 Safranbechern steht und wohl immer Gültigkeit haben wird:

S Läben isch kai Kinderspil,
Pagg's drum fescht am Fägge,
An dr Fasnacht sing, danz, spil
Wie dr Lump am Stägge.

Peter Pardey   116

FREUD UND LEID
EINES ZEEDELDICHTERS

Das Dichten eines Zugszeedels bedeutet Kummer und Vergnügen, Freud und Leid. Kummer, weil ich schon lange, bevor die ersten Weihnachtskerzentropfen auf den neuen Perserteppich fallen, an die Fasnacht und an das von der Clique gewählte Sujet, das mir hinten und vorne nichts sagt, denken muss. Vergnügen, weil mir, je länger ich mich mit dem Sujet befasse, die ersten Pointen und Reime einfallen, sei es beim Rasieren, im Tram oder — mit Vorliebe — in einer lärmigen Beiz. Freude, wenn ich, am Fasnachtsmontag am Trottoirrand stehend, von einem Vorträbler meinen Zeedel in die Hand gedrückt erhalte und wenn vielleicht sogar der Tambourmajor grüssend vor mir seinen Stecken senkt. Und Leid, wenn ich am frühen Donnerstagmorgen zuschauen muss, wie ein Strassenputzer einige meiner am Boden herumliegenden Zeedel zusammen mit Räppli und Strassendreck in eine Dole wischt, wo alles auf Nimmerwiedersehen verschwindet.

Kurz nach dem Zweiten Weltkrieg ist mir die Ehre widerfahren, dass mich die Olympia zu ihrem Zeedeldichter erkor. Diese Ehre blieb mir während einer ganzen Reihe von Jahren erhalten. Heute nun hole ich die alten Zeedel aus meiner Olympia-Schublade hervor, lese sie noch einmal durch und versuche, mich zu erinnern, wie ich damals an dem einen oder andern Sujet oder Vers knabberte.

Das erste Sujet, das mir die Clique bescherte, war ein Querschläger: das ‹Wäntele-Gsetz›, ein vom Grossen Rat Basels erlassenes Gesetz zur Bekämpfung von Ungeziefer. Ein Zeedel über ein Gesetz? Nach einigen sorgenvollen Stunden behalf ich mir damit, dass ich ein zweiseitiges Kantonsblatt verfasste, das in Schrift und Form von einem echten nicht zu unterscheiden war. Auf der Vorderseite wurde paragraphenweise das neue Gesetz in Versform abgehandelt.

So hiess es z.B. über die ‹Anméldepflicht bei Ungeziefer›:

Wenns underm Lynduech afoot krabble,
bis dass's di duubedänzig macht,
und gspyrsch es bysse, gsehsch es zabble
und pfuusisch meh am Dag als z Nacht,
so gang uffs Gsundhaitsamt und sag:
«s het zvyl Verkehr by mir im Schlag!»

Und zum ‹Resultat der Entwesung› schrieb ich:

Und pynlig suuber wien e Tämpel
gseht bald dy luusig Hittli uus.
Uffs Fudi griegsch zuem Schluss e Stämpel:
‹Vom Staat entwest›, du armi Luus!
Und jetz darfsch ändlig zfride sy
vo hit bis anno flohmini.

Und die Rückseite des Zeedels befasste sich mit offiziellen Anzeigen, die sich auf das neue Wäntele-Gesetz bezogen. So verlangte ein Fräulein Flohra Wanzenried, von Lausen und Wenzlingen, bisher wohnhaft gewesen Imbergässlein 123 (Hintergebäude) eine Namensänderung in Flora Säuberlin, nunmehr wohnhaft Weisse Gasse (Vordergebäude). Zwecks staatlicher Entwesung wurden für sechs Wochen völlig gesperrt: Käferholzstrasse, Fröschgasse, Pelikanweg, Gemsberg, Finkenweg, Hasenberg, Hechtliacker und Tiergartenrain. Das Stadttheater zeigte eine Festvorstellung mit reservierten Plätzen auf der Flohbühne und Szenen aus ‹Fledermaus›, ‹Vogelhändler› und ‹Biberpelz› an. Und aufgerufen wurde zu einer Protestversammlung gegen das Wäntele-Gesetz unter dem Motto ‹Bürger Basels, bewahrt Eure lebenden Güter!›.

Dass die Olympia schon 1948 erkannte, dass es einmal einen ‹Kanton Jura› geben werde, ist im Grunde genommen erstaunlich. Der Zeedeldichter dagegen brauchte nicht weit zu suchen; er erinnerte sich des alten Berner Marsches und schrieb u. a.:

Träm träm träderidi,
mir wänn freyi Schwyzer sy!
Sappermänt, mer stieres dure
mit de Fyscht und mit der Schnure,
bis mer s Freyhaitsbaimli stelle
oben uff der Caquerelle.
Träm träm träderidi,
Bärner Mutz, jetz drampsch du dry!

Träm träm träderidi,
was mir wänn, gseht jeden y!
Sälber mit de Styre bschysse,
sälber Fremdi ab-go-rysse,
sälber glaini Wilhelm Tälle,
sälber dritti Absinth-Wälle,
träm träm träderidi,
sälber suffe suure Wy.

Kein geringer Schauder erfasste mich, als ich 1950 erfuhr, die Clique habe sich darauf geeinigt, das ‹Goethe-Jahr› (Goethe wäre im Vorjahr 200 Jahre alt geworden) als Fasnachtssujet zu wählen. Ich kratzte mein letztes Schulwissen zusammen, las das Konversationslexikon und den Duden vorwärts und rückwärts und liess schliesslich den Altmeister vom Olymp herunter zornig auf den Rummel blicken, der mit seinem Leben gemacht wurde («Isch au sy Liebesläbe stuberain? Wie vyl Mool het er mit der Frau von Stein …?). Der Schlussvers lautete:

Holzfigurine
Dr Dinge-Dinge

Däm ganze Grampf vo däne Hungerlyder
luegt vom Olymp der Maischter Goethe zue.
«Die Träne quillt, die Erde käut mich wieder»,
er saits voll Zorn, und uus ischs mit der Rueh.
Am liebschte mecht är uff dä Rummel pfyffe,
der Spruch vom ‹Götz› zitiert er hart und rauh …
Sott ain von Eich das Sprichli nit begryffe,
uff Baseldytsch haissts aifach: «Du mir au!»

Problemloser war 1952 das Ereignis des ‹zweihundertdausigschten Baslers›. Statt — wie heute — dank den Kantonsflüchtlingen ins Gläbbergässli zu laufen, kam sich Basel damals als Großstadt vor und feierte seinen 200000osten Sprössling mit einem regierungsrätlichen Ehrengeschenk. Der erste Vers des Zeedels lautete:

Zwaimoolhundertdausig simmer!
Isch die Zahl nit scheen und rund?
s bysst der Storgg e Frauezimmer,
Basel het sy grossi Stund.
Aine z Bettige wird Bappe,
und d Regierig zahlt zuer Fyr
fir dä Goof e blaue Lappe
inclusive Umsatz-Styr.

Und der Letzte:

Zwaimoolhundertdausig simmer!
Obs doo druus e Großstadt git?
D Druggede wird alls wie schlimmer,
aber meh gits laider nit.
Meege d Lyt no Basel sidle,
gits au Buschi alli Däg,
zwaimoolhundertdausig Fidle-
Burger simmer ainewäg!

Aber nicht nur 200000 Fidleburger wurden wir Basler damals, sondern wenig später auch noch 2000 Jahre alt, obschon sich die für diesen Feiertag zuständigen Gelehrten zeitmässig offensichtlich verrechnet hatten. Trotzdem wurde auf dem Burghügel rund um das Münster herum ein grosses ‹Römerfest› mit Munatius-Plaketten, Lukullus-Würstchen und allem möglichen Klimbim abgehalten. Daraus gestaltete die Olympia 1958 einen Prachtszug, und im Zeedel hiess es u.a.:

Scho rollt dä ganz Zwaidausig-Jehrli-Rummel.
Liis numme d Zytige mit ihrem Grätsch!
Und waiss men au, es isch e glatte Bschummel,
grad heggschtens no s Glaibasel macht der
    Lätsch.
Als Reemer luegt sich jede dumme Kog a,
in jedem Lade lyt e Reemer-Furz,
d Frau Saresi probiert dehaim e Toga,
der Fredy Spilma draumt vom Ländeschurz.

Die Clique und der Zeedeldichter waren sich am Schluss einig:

Zuer alte Fasnacht, guet, zue däre stehmer.
Zwaidausig Johr? Mach mer nit d Bire waich!
Und wenn scho Rom, dno lieber aifach
    ‹d Reemer›,
und wenn e Fescht, dno grad der Morgestraich!

Und schliesslich möchte ich, wenn ich die Sammlung meiner Olympia-Zeedel durchlese, den einen nicht vergessen, der mir fast der Liebste war und den ich 1951 der Alten Garde der Olympia widmen durfte. Das Sujet war urbaslerisch; es ging unter dem Titel ‹s isch zuem Schiesse!› um den Denkmalpfleger, der sich damals lauthals über die Tauben ärgerte, die unser Spalentor und dessen Statuen eifrig bekleckerten. Denkmalpfleger war in jenen Jahren Dr. Rudolf Riggenbach, im Volksmund ‹Dinge-Dinge› genannt, weil er die Gewohnheit hatte, wenn er bei Reden ins ‹Staggle› geriet, die Pausen mit ‹dinge-dinge› zu überbrücken. Den ‹Aufhänger› für meinen Zeedel fand ich im Tram, wo Plakätlein der BVB verkündeten: «Wär jung isch, stoht uus Heflikeit. Der Tramdiräkter het das gsait.» Und so liess ich denn meinen Denkmalpfleger schimpfen:

Wie d Duube unser Spaletor versaue!
Mi machts fascht duubedänzig, sone Gschyss.
Vom Säge, wo die Dierli deert verdaue,
wird undedra d Madonna gääl und wyss.
Die kaibe Baslerdybli solles biesse!
I hol e Gwehr, wenn d Polizei versait.
Me mues halt, wenn die wyter schysse,
    schiesse …
Der Dänkmooolpfläger het das gsait.

Und ‹Dinge-Dinge› beschloss sein Donnerwetter so:

Go Dänkmool pfläge, duet bald nimme bschiesse.
I zieh mi zrugg, es het jo doch kai Zwägg.
I sitz ins Spaletor, loss s Gatter schliesse,
gnueg han i, Schyssebybbi-Duubedrägg!!
Kai Duube soll mi uus der Rueh meh bringe,
au d Basler kenne mir so lang wie brait!
Si deerfe mir in d Kappe … dinge-dinge …
Der Dänkmoolpfläger het das gsait.

Freud oder Leid eines Zeedeldichters? Auch auf die Gefahr hin, dass man es mir als Eigenlob ankreidet: die Freude überwog. Freude vor allem dann, wenn es gelang, mit den Versen — im gebührenden Abstand — jener Meisterschaft nahezukommen, mit der die Olympia, Fasnacht für Fasnacht, durch die Strassen und Gässlein unserer Stadt trommelt und pfeift.

Wo mr im Herbscht 1934 Äxtra-Pfyfferiebige gha hän fir s Rütlischiesse, do het unser Pfyffer-Chef, dr Bolle Tschudi, pletzlig gschtraigt und isch aifach nimm in de lebige erschine, nadyrlig wägeme Hafekäs, Ehrekibeleie, wo nit dr Wärt sin, ass me si do neecher usfiehrt. I ha my drno im Uftrag vo alle Pfyffer an unsere Presidänt Ernst Plattner gwändet, und är het nyt bessers gwisst und mi bätte, die lebige als Pfyfferchef ‹ad interim› wyter zfiehre bis zer nägschte GV. Do hesch s Gschängg, han i dänggt, und wie s ebbe goht in somene Club, isch das Amt getreulig an mr gläbe blibe.

Zer glyche Zyt han i zämme mit em Guschti Werber und em Willy Mollinet d Pfyffer- und Drummelschuel wider nej grindet, zem so wider aigene Noowuggs ane zzieh. D Pfyfferschuel han i ellai glaitet bis in d Sächziger-Johr — die maischte bestandene Pfyffer vom Schtamm vo hit sin also scho als Buebe myni Schieler gsi. Das het nadyrlig e sehr äng und kameradschaftlig und fascht no e familiär Verheltnis gä. Im erschte Johr han i zwai Pfyfferschieler gha, und in de näggschte Johr isch d Azahl bis uf sibe Buebe, wo hän welle pfyffe lehre, gschtige. Au dur dr Krieg dure bis 1946 han i dä Beschtand kenne bhalte, au wenn ych sälber vyl im Dienscht gsi bi.

Aber nadyrlig isch my Hauptufgob d Pfyffergruppe vom Schtamm gsi. Wo d GV 1935 mir d Laitig definitiv ibertrait het, bin i 25 Johr alt gsi und ohni Erfahrig, wie me son e Individualischte-Gruppe unter ai Huet bringt. Die beschti Leesig han i instinktiv gfunde: Neji Märsch lehre! Mr sin mit ebbe fufzäh Ma fir sälli Zyt e grossi Pfyffergruppe gsi und hän efange fimf Märsch pfiffe: Die Alte Schwyzer, dr Arabi, dr Gluggsi, d Stainlemer und dr Glopfgaischt. D Schtimmvertailig: Zvyl erschti Schtimme, zwenig zwaiti Schtimme, die dritt Schtimm han i sälber bloose, und das het wytus glängt. Au d Piccolo hän miesse verbesseret wärde, bsunders fir die undere Schtimme. I ha dorum in der Kommission vorgschlage und au durebrocht, ass me jedem Pfyffer e Bydrag vo zäh Frangge an e nej Piccolo mit grosser Bohrig zahlt (e erschtglassig Piccolo het dozmol 38 Frangge koschtet). So han i s Inträssi am bessere Pfyffe und an dr zwaite Schtimm kenne wegge, und s het wirglig Erfolg gha. So hän mr bis im Herbscht 1939 nodino doch fimf neji Märsch unserem Repertoire kenne byfiege. Nadyrlig isch dä Erfolg numme z Schtand ko mit dr Unterschtitzig und vyl guetem Wille und Lehre-

Welle vo myne Pfyffer- und Tamboure-Frind. Die neje Märsch sin gsi: dr Tango, d Feschtspilmärsch, dr Querpfyffer, d Aeschlemer und die Neje Schwyzer. Au während em Aktivdienscht 1939 bis 1945 hän mr d lebige wytergfiehrt, uf alli Fäll vo 1941 ewägg und mit vyl Absänze, will mr in dr Pfyffergruppe ungefähr alli glych alt gsi sin und fascht alli dienschtpflichtig. D Pfyfferschuel han i au wytergfiehrt, i ha do während myner Abwäsehait e Pfyffer-Frind gha, wo mi sehr guet het kenne ersetze. D Schielerzahl het nit zuegno, aber d Hauptsach isch doch gsi, ass mir d Schuel hän kenne iber d Kriegszyt durebringe.

Es sin während em Krieg hauptsächlig zwai Veraschtaltiga gsi, wo is ghulfe hän, dr Kontakt innerhalb vo unserer Clique ufrächt z erhalte und d Frindschaft wyter z pfläge, und das sin gsi: s Monschtre-Drummelkonzärt und dr Vogel Gryff. Die zwai Eraignis sin vo Johr zue Johr au unter de Zueschauer allewyl beliebter worde, und z letscht sin mr am Vogel Gryff kum me dur d Gasse ko vor begaischteretem Publikum. Es isch scho fascht e Morgestraich gsi, d Schtäggeladärne vo de Drey Ehregsellschafte sin s ainzig Liecht gsi, will mr jo Verdungglig gha hän. E dail Lyt hän sogar Träne gha bi unserem Verbymarsch — wenn De dänggsch: was fir e Verschwändig vo Gfyl bim e Basler!

Vo dr erschte Nokriegsfasnacht 1946 bis ebbe ändi Fuffzger-Johr het unseri Pfyffergruppe im Durchschnitt 18 bis 21 Pfyffer gha, und erscht in de Sächzger-Johr isch d Gruppe langsam greesser worde, will drno vo unserer Pfyfferschuel, wo au als wie

120

S «ALTI-GARDE»-ALTER

meh Schieler gha het, Noowuggs ko isch. An dr Fasnacht 1968 sin 32 Pfyffer marschiert, und das isch die greeschti Gruppe gsi unter myner Laitig.

Mit dr waggsende Zahl vo Pfyffer isch ai gross Problem ufdaucht: D Marsch-Ufschtellig. D Tradition bi uns Clique isch d Drejer-Raihe gsi. Das isch no gange bis heggschtens 18 Pfyffer, do isch dr sogenannt ‹Klangkörper› no rund gsi, und meh het e Gruppe friehner gar nit gha. Jetz aber mit em Greesserwärde isch mit de Drejer-Raihe dr ganz Glang usenanderzoge und schwecher worde, sogar d Tamboure hän is nim guet gheert. Do isch mr aifach nyt anders ibrigblibe, als Vierer-Raihe z probiere. Mit däm isch dr Glang wider zämmezoge, kompakter worde. Am Vogel Gryff 1956 hän mr das zem erschte Mol probiert, und tatsächlig ischs e Erfolg gsi. Sythär wärde die Vierer-Raihe praktiziert, wenn mr meh als 18 Pfyffer sin.

An dr GV 1968 han i my Ruggtritt als Pfyfferchef gno, ha no bis 1972 im Schtamm mitgmacht und ha drno in s Schtöggli vo dr Olympia iberegwäggslet.

Es blybt mr no Danggscheen z sage alle myne Frind in dr Olympia, wo mi mit ihrer Frindschaft und grossem Verschtändnis beschänggt hän.

So Buebe, das wärs! Siegi Pettermand

75 Jahre jung ist sie, unsere Stammgesellschaft. Ein Anlass für sie, stolz zu sein und mit Genugtuung zurückzublicken. Vielleicht auch eine Gelegenheit, einen Blick in die Zukunft zu werfen.

Zu den zahlreichen Gratulanten gesellt sich auch ein jüngerer Spross der Olympia: die Alte Garde. Jung ist diese in mancher Beziehung. So ist sie nicht nur exakt 17 Jahre jünger als die Stammgesellschaft. Böse Mäuler behaupten, auch ihre Mitglieder seien im Durchschnitt jünger. Und jugendlich geblieben ist sie wohl deshalb, weil sie nicht im Kielwasser der Stammgesellschaft dahinsegelt, sondern für ihren Fortbestand selbst sorgt. Aber trotzdem ist man in der Alten Garde unheimlich stolz darauf, Olymper zu sein, wenn auch nur ein ‹Alter›; und dies etwa nicht nur im Jubiläumsjahr!

Was ist das überhaupt, ein Alt-Olymper? Ist er als ‹Alt-Olymper› ein Ehemaliger? Ein unangenehmer Zeitgenosse etwa, der aus der Olympia hinauskomplimentiert worden ist und deswegen kein echter Olymper mehr sein darf? Nein, nein; so etwas gibt es unter Fasnächtlern nicht. Oder ist er etwa ein alternder oder gar schon ein alter Olymper?

Alt-Olymper zu werden ist weder eine Frage von Meinungsverschiedenheiten noch eine solche des Alters. Alt-Gardist zu werden ist vielmehr eine Philosophie. Ein Bekenntnis zu einer ungebunderen, gemütlicheren Fasnacht. Eine Willensbezeugung, nicht nur gesehen und gehört zu werden, sondern die Fasnacht selbst auch sehen, hören, miterleben zu wollen. Ausserdem: Es gibt sogar ein Alter, wo man zu alt geworden ist, sich das Altern in einer Alten Garde noch überlegen zu wollen.

Ein Jubiläum ist ein Meilenstein. Nicht nur für die Gesellschaft. Auch für die Mitglieder. Auch in der Alten Garde wird im Jubiläumsjahr der Stammgesellschaft gedacht. Vielleicht findet der eine oder andere Olymper nach dem Jubiläum den Weg in die Alte Garde. Er wird dort willkommen sein. Die Olympia wird dadurch nicht ins Wanken geraten. Dazu ist sie zu gesund und zu gut im Schuss. Zerfallserscheinungen sind da nicht zu befürchten.

Es gratuliert die Alte Garde. Jürg Schrank

DR OLYMPIA
ZEM 75. GIBURTSDAAG

E halb Läbe lang hani derfe d Ladärne vo de n Olymper moole und ha doodrby die Glique kenneglert, vo inne und vo usse. Was isch denn aigetlig e Fasnächtler? Was isch en Olymper? Es git soonigi, wo d Fasnacht s halb oder sogar s ganz Lääbe bedytet und wo dorum glaube, sy hebe d Fasnacht mit em Löffel gfrässe, und die glaube nadyrlig au, sy syge Superfasnächtler, aagfrässe wie kai andere, sy hebe der scheenscht und bescht Witz und Gaischt: Sy syge sälber d Fasnacht.

Soonigi Fasnächtler gits iberall, leider au in dr Olympia, aber das sind gottloobedangg weder richtigi Olymper no ächti Fasnächtler, das sin aifach gweenligi dummi Sieche, wie me sy halt iberall findet. Es git nyt Unaamietigers als so aim in d Finger z laufe, und wenn er erscht no inere Sujetkommission sitzt, denn ischs böös. Kasch numme drfoolaufe, so aine kennt dr sogar d Fasnacht verleide. Nadyrlig sin die scheenschte Däg d Fasnacht — aber es sin drey Dääg, und grad wääge däm sins die Scheenschte: Lueg, alles Grossi isch sälte, wenns iber alli Dääg wurd duure, wurds alldäglig.

Die erschti Ladärne, woni dr Olympia gmacht ha, isch dr Waldi gsi, e Sujet wienis gliebt ha. E Frind het iber dr Kunschtkredit dr Uftrag fir e Relief im hindere Hof vom Kunschtmuseum bikoo, e sauscheeni Arbet mit eme Fabeltier im Wald. Mir alli häns ‹dr Waldi› dauft. Aber d Banause vo dr Regierig und vom Grosse Rot hän dä Uftrag torpediert; hit no steckt in sälere Wand dr Bosse, wo dr Architäggt vo Aafang aa fir e Relief het lo iibaue. D Olymper hän das Sujet bischlosse, si hän allerdings welle dä Waldi vom Beni Remund uusspiele. I ha denne die Sach umdraiht und ha d Banause uff s Horn gnoo, e Drigg, woni e baar Mool im Lääbe mit Erfolg gmacht ha — aber nie hets ebber gmerggt —, so ka mene ganzi Glique verseggle — wenn me drnoode Erfolg het, schimpft niemerts — im Gegedail, alli sin stolz! D Tamboure sin als Wald gloffe mit eme Tännli uff em Kopf und innere griene grobe Kutte, wo hätt solle mit Schnäggehysli, mit Tannerys und Flächte bestüggt sy — aber d Olymper sin zfuul gsi, hän mi versegglet und aifach dä ganzi Schniggschnagg ewägg glo. So äng ka s Zämmeschaffe zwische Mooler und Glique sy! Ähnligi Sache hani mit dr Olympia e baar Mool erläbt … Trotzdäm — sy hän jo schliesslig die aigene Costüm drmit verdorbe.

E nätti Olympergschicht isch in däm Waldijoor au no passiert. Die Fasnacht hets ganz saumässig verschifft. Me muess dängge, ass es doomols no kaini Plastighääfe gää het — bi Rääge isch drum s Drummle nit meeglig gsi —, me het d Stiehl uus de Baize gschnappt und an d Büüch bunde, und so isch me dur d Gasse rädäplängt — zer Fraid vo de Pfyffer, wo ruehig hän kenne wyter winsle. Irgend e Glique het in sällem Joor, s isch im 1949 gsi, d Plastigfolie iber de Hääfe erfunde, und in kirzeschter Zyt sin alli Plastigfolie in alle Lääde ewägg gsi. D Olymper hän ebbis Aiges erfunde. E Frind het usem Gschäft sy risige Laschtwaage mit emene Blachedach driber lo ko. Die ganz Tambouregrubbe isch in dä Kare gschloffe, und esoo hän sy dur dr Schiff dure gruesst! Hinde isch d Blache nadyrlig offe gsi, und me het kenne im dunggle Wage d Olymper meh oder weniger guet gseh — gheert het me sy kuum — vor allem vo vorne ischs e bsundere Gnuss gsi — dä dunggelgrau Laschtwaage, wo die ganzi Olympia versteggt het. Aber e Dail sin uff die Erfindig hailloos stolz gsi …

S Joor druf het s Goethejoor s Sujet abgäh. Do hets e Riesekrach in dr Sitzig gää, dr Goethe isch vonere Biigi Olymper als liebe Gott aagluegt worde, es het haissi Kepf gää, und dr Präses het knapp vor dr Fasnacht miesse iber d Klinge springe. Dr Roger Baumaa — doomols Obma vo de Junge — isch oberschte Olymper worde. Mit ihm hani kenne fimfezwanzig Johr lang beschtens zämmeschaffe. Zwar hets mit e baar Tamboure immer wider Gritz gä — aber dangg em Roger sym Gschigg isch immer alles beschtens glettet worde.

Leider hets au in dr Olympia e baar schoofseelegueti Fasnächtler gha, wo aim s Lääbe hän ordlig suur mache kenne. Nääbe de Olymper hani jo au e Lääbe lang fir d Bebbi gmoolt. Es isch ganz glaar, wemme zwai Lampe macht, isch halt emool die und emool die ander besser. Das hänggt mit em Sujet oder aifach mit eme Yfall zämme — sicher isch nie e beesi Absicht oder gar Parteynahm drhinder. Aber d Olympia het e baar unter sich gha, wo bim Abhole vo dr Ladärne im Stall so dummi Sprich abgloo hän, ass i fascht hyle ha miesse vor Wuet. Am meischte hani mi gergeret, ass i mir wäge so Esel fascht dr Morgestraich kaputt gmacht ha, so saudumm isch e Ladärnemooler, me sotts nit fir meeglig halte. Au das het do miesse gsait sy!

Aber i ha doch vyl, vyl meh Scheens an dr Fasnacht mit myne Olymper erläbt und i ha immer derfe spyre,

RÜCKBLICK

Vortrab-Entwurf
von Max Sulzbachner
1957

Blickt man auf seine 25 Präsidentenjahre zurück, so ziehen vielfältige Bilder am geistigen Horizont vorüber. Es hält schwer, diese Jahre in der Rückschau mit der Objektivität des Chronisten zu betrachten. Man wird mir daher nachsehen müssen, wenn die Erinnerungen etwas subjektiv gefärbt erscheinen. Wie der Chronist mit Recht feststellt, waren die Endvierziger-Jahre durch Streitigkeiten und Querelen gekennzeichnet. In dieser Zeit bin ich an der Generalversammlung 1948 als 26jähriges Greenhorn zum Obmann unserer Jungen Garde bestimmt worden. In dieser Eigenschaft durfte ich auch in die Kommission der Olympia Einsitz nehmen. Zum Glück spürte die Junge Garde nichts von der Krise, welche die Stammgesellschaft durchlebte. In Ruhe und unter Mithilfe der älteren Junggardisten wurde die Fasnacht 1949 vorbereitet. Bezeichnenderweise erscholl in jenen Tagen innerhalb der Kommission der Ruf nach Statuten. Zu diesem Zweck ist eine gewichtige, sechsköpfige Statutenkommission unter meinem Vorsitz ins Leben gerufen worden. Als ob Statuten schwelende Probleme lösen könnten.

Leider hat sich die Stammgesellschaft damals an ihrer Jungen Garde kein Beispiel genommen. Das vorgeschlagene Sujet (‹Goethe-Johr›) wurde von verschiedenen Gruppen zum Anlass genommen, ihre seit einiger Zeit schwelenden Differenzen offen und lautstark auszutragen. An geheimgehaltenen Orten abgehaltene Besprechungen und Kommissionssitzungen jagten sich förmlich. Die Querelen erreichten ihren Höhepunkt, als der damalige Präsident den Antrag stellte, einen Pfeifer auszuschliessen. Zur Behandlung dieses einzigen ‹Traktandums› ist zu einer ausserordentlichen Generalversammlung eingeladen worden.

Da ich mich im ersten Jahr als Mitglied der Kommission, wie es Brauch und Sitte war, an den Kommissionssitzungen ruhig verhalten hatte und der damalige Präsident als Antragsteller Partei war, wurde ich von der Kommission als Tagespräsident für die ausserordentliche Generalversammlung bestimmt. Erst einige Tage später wurde mir bewusst, auf was ich ‹Jüngling› mich mit der Annahme dieses Amtes eingelassen hatte.

Am 29. Dezember 1949 fand diese legendäre ausserordentliche Generalversammlung statt. Hart prallten die Meinungen aufeinander. Die ‹feindlichen Brüder› konnten ihren Dampf ablassen. Bei

wie danggbar ass sy aim fir alles gsi sin — jo und au hit no frai i mi, wenn i mergg, wie sehr sy aim schetze — sogar die Junge, mit däne i jo gar nie zämmegschafft ha.

Danggerscheen Olympia, i gratulier dr härzlig zue dym fimfesibzigschte Giburtsdaag. Bliib gsund und vergiss dy Verpflichtig zue unserer Fasnacht nie!

Sulzbi

der abschliessenden Abstimmung über den Ausschlussantrag stimmten bei 31 Stimmenthaltungen je fünfzehn für und gegen den Ausschluss. Als Tagespräsident hatte ich den Stichentscheid. Ich stimmte gegen den Ausschluss—dem Ausgeschlossenwerden haftet immer ein Makel an. Der Betroffene hatte den Entscheid verstanden und am gleichen Abend den Austritt erklärt.

Als auf Jahresende auch der Präsident das Handtuch warf, erkoren die Olymper an der ausserordentlichen Generalversammlung vom 12. Januar 1950 den früheren Tagespräsidenten zum Präsidenten. An dieser Generalversammlung wurde auch das Sujet (‹Goethe-Johr›) bestimmt. Im Protokoll über diese Generalversammlung heisst es lakonisch: «Die Versammlung gibt dem Vorstand die Vollmacht, das gewählte Sujet zusammen mit Herrn Sulzbachner auszuarbeiten.» Dies alles eineinhalb Monate vor der Fasnacht 1950. Erfreulicherweise haben nach diesem reinigenden Gewitter alle Olymper die Ärmel hochgekrempelt. Jedenfalls präsentierte sich die Olympia, zum nicht geringen Ärger von einigen schadenfreudigen Neidern, sowohl am Vogel Gryff als auch an der Fasnacht geläutert und geschlossen. Nur am Rande sei vermerkt, dass der Ruf nach Statuten glücklicherweise verstummte und seither nie mehr erscholl.

Als Präsident wird man durch derartige Vorkommnisse geprägt. Man versucht, aufkommende Schwierigkeiten im Keime zu ersticken und unvermeidliche persönliche Querelen ausserhalb der Cliquenversammlungen unter den Beteiligten direkt beizulegen.

Auch in der Kommission kehrte Ruhe ein. Jeder hatte an seinem Platz ein gerütteltes Mass an Arbeit. An der Gesellschaftssitzung vom 28. November 1950 beispielsweise wurde beschlossen, das ‹Prysdrummle und -pfyffe› vom 20. Januar 1951 durchzuführen. Für die Vorbereitung standen somit knapp zwei Monate zur Verfügung. Tatkräftiges Handeln war gefragt. Für unnötige Diskussionen fehlte die Zeit. Kann es verwundern, dass die Kommission, die den Anlass organisiert hatte, fest gekittet aus diesem organisatorischen Stahlbad hervorgegangen ist? So fest, dass sie zwei Jahre später — auch damals fand sich wie in diesem Jahr keine Clique, die sich bereit erklärt hätte, das ‹Prysdrummle und -pfyffe› zu organisieren — an der Kommissionssitzung vom 25. November 1952 beschloss, den Anlass erneut durchzuführen, um, wie es im Protokoll wörtlich hiess, ‹der Stadt Basel einen kulturellen Anlass zu erhalten›.

Die Kommissionsmitglieder, die ihre Chargen lange Jahre bekleideten, wurden Freunde. Manch einem ist der Rücktritt aus der Kommission schwerer gefallen, als es nach aussen den Anschein machte. Die eine oder andere Ehefrau wird mir dies im Geheimen bestätigen können.

Unvergesslich die Abende in Sulzbis Atelier in den letzten Wochen vor der Fasnacht. Die beleuchteten Bebbi- und Olymperlaternen wurden verschoben und durch das Vergrösserungsglas von allen Seiten her begutachtet. Dass der Weisse dazu reichlich floss, dürfte den Eingeweihten nicht erstaunen. Wie konnte sich Sulzbi in solchen Momenten über anerkennende Worte freuen! Schliesslich lebt der Künstler nicht vom Brot allein.

Auch Megge Afflerbach, dem die Olympia während vieler Jahre herrliche Zeedel verdankte, hatte sich eine Gewohnheit zugelegt, die ich nie hätte missen wollen. Wenige Tage vor der jeweiligen Drucklegung des Zeedels läutete abends so gegen 20 Uhr das Telefon. Auf das «Baumann» folgte ein kurzes: «Hesch Zyt?». Natürlich hatte ich. Ohne meine Antwort abzuwarten, las mir Megge in seiner unnachahmlichen Art seinen Zeedel vor. Mein Schmunzeln, welches immer wieder durch lautes Lachen unterbrochen wurde, sagte ihm alles. Ohne viel Worte legten wir die Hörer nach der Lesung auf die Gabel. Ich wusste, die Olympia hatte wieder einen Prachtszeedel.

Wohl die grösste Wandlung hat die Olympia bei der Art der Fasnachtsvorbereitungen durchgemacht. In meinen ersten Präsidialjahren hätte ein bestandener Olymper das Ansinnen, bei den Vorbereitungen Hand anzulegen, eher entrüstet von sich gewiesen. Das Kostüm samt Larve hatte am Freitag vor der Fasnacht im ‹Café Spitz› abholbereit zu sein. Eine Wandlung trat ein, als Fritz Ackermann sich bereit erklärte, die ‹Köpfe› der Pfeifer und Tambouren für ein bescheidenes Trinkgeld im Alleingang anzufertigen. Seinem Beispiel sind später noch einige andere Olymper gefolgt. Mit dem zahlenmässigen Anwachsen der Pfeifer- und Tambourengruppe wurde die Arbeit für einen einzelnen zu viel. In der Folge stellten sich einige Idealisten aus dem Kreise der Aktiven zur

Vortrab-Entwurf
von Max Sulzbachner
s Verdienschtkryz
vom Dinge-Dinge, 1957

DIE OLYMPIA
UND DIE DREI
EHRENGESELLSCHAFTEN

Wenn der Spielchef der Drei Ehrengesellschaften Kleinbasels am Vogel Gryff-Tag frühmorgens zum ‹Café Spitz› marschiert, gelten seine ersten Gedanken nicht unbedingt der Olympia. Vielmehr interessiert er sich fürs Wetter. Schneit oder regnet es? Haben wir Eis auf der Gasse, wie zieht wohl der Rhein? Haben die Zimmerleute das Floss schon zusammengebaut, sind die Böllerschüsse bereit? Hat er alle Bewilligungen bei sich … und die Geschenke fürs Waisenhaus … und, und, und …
Suur Läberli-Zmorge im Meriansaal! Festliche Stimmung. Das Vogel Gryff-Spiel beginnt den Tag mit den hohen Meistern, Vorgesetzten und Ehrengästen. Der Olymper-Präsident ist auch dabei. Als Gastgeber hält der Spielchef die erste der vielen Reden an diesem für die Kleinbasler höchsten Tag des Jahres. Ueli uff d Gass! Wild Ma bereitmachen. Abfahrt zum Horst! Das darf ja nicht wahr sein, wo sind denn die Handschuhe vom Vogel Gryff? Herrlich, der Morgennebel über dem Rhein lichtet sich. Die Jännersonne bricht durch. Auf den Dächern liegt wenig Schnee. Am Rheinweg und auf der Mittleren Brücke schon viel Volk.
Da endlich, von weit her, der erste Böllerschuss. Vogel Gryff und Lai sind bereit zum Abmarsch. Die Böllerschüsse tönen ganz nah. Kommt endlich, das Floss ist schon bei der Münsterfähre. Ein hilfreicher Polizist macht uns Platz. Vom Känzeli grüssen sie den Wild Ma. Nichts wie los jetzt zum Kleinen Klingental, sonst sind wir zu spät bei der Landung. Der arme Spieltambour wird von den vielen Leuten fast erdrückt.
Erster Tanz am Unteren Rheinweg. Bravo, hat ausgezeichnet geklappt. Sapperlott, so viele Leute haben wir noch nie am Rheinweg gesehen. Um den Wild Ma eine ganze Traube von Kindern. Sie springen ihm nach, halten ihn am Tännli, rupfen ihn, wollen mindestens ein Efeublatt ergattern. Äpfel sind schon lange keine mehr am Kranz. Die sind ihm in der ersten Minute abgerissen worden.
Blick auf die Uhr. Der Zeitplan muss eingehalten werden. Tanz auf der Mittleren Brücke. Von den Fenstern des Meriansaals winken die Gesellschaftsbrüder. Waisenhaushof, das schönste Cachet von ganz Basel. Der Waisenvater begrüsst, und die Mutter lässt, wie es seit dem Jahre 1750 der Brauch ist, dampfend heisse Suppe servieren.
Nachmittag. Wir sind in gelöster Stimmung. Der

Verfügung, die ‹Köpfe› im Olymper-Keller anzufertigen. Es bildete sich unter der Aufsicht des unvergessenen Pauli Doppmann eine eigentliche Kellerfamilie. Der Kreis der Helfer vergrösserte sich Jahr für Jahr. Heute ist es — oder sollte es wenigstens sein — Ehrensache, dass jeder Olymper Hand an sein Kostüm und an seinen ‹Kopf› anlegt. Dank dieser Entwicklung dürfen wir heute auf eine Reihe hervorragender Züge aus eigenem Boden zurückblicken. Dass sich Vortrüppler, Pfeifer und Tambouren bei diesen Vorbereitungsarbeiten im Keller freundschaftlich nähergekommen sind, darf als positiver Nebeneffekt gewertet werden.
Im Fluge sind die 25 Jahre vorübergegangen. Viele Erinnerungen bleiben. Das Unangenehme vergisst sich schnell. Haften bleiben die schönen Erinnerungen, deren es viele gab und noch gibt. Ich habe versucht, der Olympia etwas Weniges zu geben, und habe von ihr unendlich viel empfangen dürfen.

Roger Baumann

Tanz im Saal am Gryffemähli vor über 400 ‹Experten› ist glänzend gelungen. Mit Hunderten von Kindern ziehen wir durchs Kleinbasel. Das ist richtiger Vogel Gryff, hautnah. Schon früh beginnt es einzudunkeln. Letzte Station beim Rebhaus-Meister mit Würstli und Bier. Noch einmal das Danggscheen-Liedli und Rückkehr ins ‹Café Spitz›.

Die ersten Olymper sind schon eingetroffen. Festlich in der besseren Schale. Sogar mit Hut! (Danke). Die Messingtrommeln sind auf Hochglanz poliert. Tambourmajor und Spielchef verständigen sich.

Ueli uff dGass! Ehrezaiche baratmache! Olympia uffstelle! Punkt 19.00 Abmarsch. Der Riesenharst Pfeifer und Tambouren setzt sich in Bewegung. Eindrücklich, wie herrlich es bei einer so grossen Clique dätscht. Typisch olympisch, wie die Fünferrief etwas zurückgehalten werden. Durch die Länge des Zuges haben die Tambouren eine kleine Verzögerung zu den Pfeifern. Das macht das Ganze noch wuchtiger. Besonders in der Webergasse, beim Lindenberg und in der Rheingasse. Die drei Spieltambouren in der ersten Reihe sehen eigentlich gut aus.

Fröhliche Stimmung auch in den Kleinbasler Beizen. Spielleute und Olymper stehen zusammen ums Buffet und stossen auf gute Freundschaft und den Vogel Gryff an. Alle sind sich einig: So schön war es überhaupt noch nie!

... noch nie? Dabei gehören Olympia und Spiel nicht erst seit einigen Jahren, sondern seit einigen Jahrzehnten zusammen. Begonnen hat es im alten ‹Café Spitz›. Hochburg der Drei Ehrengesellschaften und Stammhaus der Olympia. Es lag ja auf der Hand, dass man sich zusammentat. Viele Olymper waren ohnehin schon Gesellschaftsbrüder in einer der Drei Ehrengesellschaften oder sogar als Tambour, Ueli, Ehrenzeichen oder Bannerherr aktiv im Spiel.

Das alte ‹Café Spitz›; da werden Erinnerungen wach. Was haben da Olympia und Spiel gefestet und überhöcklet! Allzu vornehm ist es nie zugegangen, aber immer fröhlich und lustig. Unvergessliche Spielproben im alten Wachtlokal mit dem uralten, qualmenden und glühenden Ofen.

Und heute, im neuen ‹Café Spitz›: Auch da gehören Olympia und Spiel wieder zusammen. Grosszügig wird uns für unsere Spielproben die wunderschöne Olymperstube zur Verfügung gestellt. Und wie selbstverständlich benützt das Spiel für den monatli-

chen Hock den gleichen runden Stammtisch in der Beiz. Und fühlt sich herrlich wohl und zuhause.

Wenn man so viele Jahrzehnte zusammen ist, dann bindet das schon tiefer. Dass diese lange Freundschaft noch keinerlei Abnützungserscheinungen aufweist, stimmt uns glücklich. Es liegt wohl daran, dass wir uns gegenseitig gut mögen und schätzen. Der Spielchef und seine aufgestellten Freunde vom Vogel Gryff-Spiel danken der Olympia für das jahrzehntelange imposante Geleit am Abendumgang. Mit einem kräftigen Schluck stossen wir an

— auf die 75 Jahre jung und fröhlich gebliebenen Olymper,
— auf unsere Freundschaft,
— auf den Vogel Gryff.   Fille Lehr

ERINNERIGE
VOM ENE ZEEDELDICHTER

D Olymper hämmi anno Säxefuffzig gfroggt,
ob ych dr Zeedel dichte däät. Das het mi gschoggt,
greeschti Bedängge, schlimmschti Zwyfel hämmi ploggt,
und e Momänt lang bin y reegelrächt verschroggt!
Dr Blasius het ihr Sujet schynts nit bsunders gnosse
und sich spontan uff d Transferlyschte setze losse.
Und ych als Dichterzwärg und unbekannti Niete,
wo unserem Stadtpoet jo s Wasser kuum ka biete,
ha denn dä Wettstai-Zeedel gmacht, ych glaine Stimper,
us puurem Mitlaid mit de truurige Olymper!
Y ha nit gwisst, was mir do harrt und widerfahrt,
und ha mi ängschtlig gfroggt, wie gliggt mr ägscht dr Start.
Dä Zeedel isch denn schliesslig nit emool so schlächt gsi,
er het zwor gholperet wie lätz ... sunscht isch er rächt gsi,
wohlwollend akzeptiert vom Roger und Konsorte,
und us däm ainte Zeedel sinns denn zwanzig worde!

Mängg Sujet wo im Mooler sofort hailloos glääge,
isch fir dr Dichterling nit unbedingt e Sääge.
Grad wenn y zruggdängg an die alte Sulzbi-Zytte,
no diemer wirgglig amme hitt no d Ohre lytte.
Het sich dr Sulzbi kenne zueme Zug entschliesse,
no han ych arme Siech halt aifach dichte miesse.
Är isch dr Greescht gsi vo de Groosse, vo de Heere!
Är hets scho kenne und ych has no miesse lehre!
Und doch ischs oft passiert, was an e Wunder gränzt,
mr hänn is pinslerisch und brinzlerisch ergänzt,
und z letschtemänd isch alles zämme us aim Guss gsi,
fir Dichter, Mooler und d Olympia e Gnuss gsi!

Y ha noh beschtem Gwisse myner Uffgoob gwaltet
und mi vom Ängerling zem Schmätterling entfaltet.
Y ha probiert in myne Zeedel mit Vergniege
e bitz en aigene Stil und Uffbau aanezgriege,
mit eme bsundere Värsmass anderi z unterwandere,
e bitz e frächeri Schnure z ha als mänggen andere!
Y ha do glaub doch e paar glaini Liechtli gsetzt,
und s het mi gfrait, dass au d Olympia das schetzt.

Dr scheenscht Momänt isch aber zwyfelloos fir mi
d Wältuuruffiehrig vo mym Zeedel amme gsi.
Die Spannig und die Stimmig vo ganz bsunderem Raiz
am Fryttig vor dr Fasnacht in dr Muba-Baiz.
Au schlächteri Zeedel syge schynts bi uns im Norde
wenn ych si abegläse ha, vyl besser worde!

Es isch dr Lauf vo däre Wält, do kasch lang schreyje,
en alte Zeedeldichter goht und s kunnt e neyje.
Und au dr ney wird amme scheene Dag sich sage:
Jetz schloht mr s Värslimache langsam uffe Mage.
Doch wäge däm, das isch zem Gligg bi uns esoo,
dien di 3 scheenschte Däg im Johr nit untergoh,
und ‹die Frau Fasnacht› und im Drummeli ‹der Rahmen›
blybe dr Stadt erhalte bis in Ewigkait, amen!

Ihr hänn e Bytrag vo mir welle, umsverregge.
Das isch en jetz! Mit beschte Fasnachtsgriess vom Megge!

Max Afflerbach

TOTENTANZ 14:
MAX WILKE

Radierung
von Max Wilke für
die Junge Garde
der Olympia, 1965

Mein Weg führt mich über den Blumenrain zum Totentanz. Noch stehen sie da, die heimeligen, vertrauten Vorstadthäuser. Jetzt bin ich bei der Nummer 14 angelangt. Erinnerungen werden wach. Da war doch das Glockenschild mit ‹Max Wilke› drauf. —Wie oft stand ich schon vor dieser Türe, stieg dann zwei Treppen hinunter und kam so ins Atelier von Max Wilke?

Ein Künstleratelier, eine andere Welt. Kasten, Kommoden mit den grossen Schubladen, darauf Malutensilien, die Linoldruckpresse, der Wassertrog aus Steingut in der eher düsteren hinteren Ecke, überall Entwürfe, Papier, Bristolkarton mit Schriften, Rahmen und Bilder, der Tisch mit der Siebdruckeinrichtung und dann vor allem das herrlich grosse Fenster.

Es hat den Blick freigegeben auf den Strom, aufs Kleinbasel, und im Hintergrund hat der Tüllinger Hügel herübergegrüsst. Ein Fenster für einen weltoffenen, freien Geist. Ein Fenster auch, das viel Licht in die Stube fluten lässt.

Vor dem breiten Sprossenfenster dann der Arbeitstisch von Max. Und auch hier wieder Pinsel, Bleistifte, Farben, Gläser und Flaschen mit geheimnisvollem Inhalt und, und, und …

Nun, so einfach, wie es mir heute erscheint, ist man nicht ins Atelier von Max Wilke gekommen. Meist erschien er mit Verspätung, wenn überhaupt. Oder dann war da der Zettel an der Türe: «Bin gleich zurück.» So suchte man ihn eben im ‹Brandis› oder im ‹Florian› und fand ihn auch, in Gespräche vertieft

mit seinem Begleiter. Max Wilke war vielbeschäftigt. Und in seiner Gesellschaft konnte man auch die Zeit vergessen. Tatsächlich. Nie gelang es mir eigentlich — obwohl ich es mir damals einige Male vorgenommen hatte —, ihm wegen einer Verspätung oder eines ‹Narrenganges› wegen gram zu sein. Man konnte es ihm ganz einfach nicht übelnehmen.

Max Wilke war eine imposante, stattliche Erscheinung. Er strahlte Ruhe, Herzlichkeit und Freundschaft aus. Man fühlte sich wohl in seiner Nähe, bewunderte seine Ruhe. Und Max behielt diese trotz weisser Laternenflächen und obwohl die Fasnacht mit Riesenschritten näherkam. Wohl waren erste Bleistiftskizzen vorhanden, wohl notierte er sich immer wieder ein Laternenverslein und sprach davon, was er dazu malen werde, wohl versprach er fest, nun morgen mit der Laterne zu beginnen, aber dann kam doch wieder etwas dazwischen. Offenbar … Bereits stiegen erste Zweifel in uns hoch: «Wird sie fertig?» Aber Max blieb die Ruhe selbst, äusserlich und uns gegenüber mindestens. Und tatsächlich: Sie wurde immer fertig, unsere Wilke-Laterne. Wenn auch meist im allerletzten Moment, am Sonntagnachmittag vor dem Morgestraich.

Und dann wurde sie im kleinen Hof unten, am St.Johann-Rheinweg, zusammenmontiert von unserem Max und unseren Begleitern. Bereits trafen die ersten Junggardisten zum Abholen der Laterne ein. Man staunte, las und kommentierte und freute sich vor allem am gelungenen Werk von Max Wilke. Und inmitten dieser vielen Buben und deren Eltern stand der Künstler selber. Auf seinem Kopf trug er sein Beret, seine Augen strahlten. Max war zufrieden und fand für uns alle freundliche Worte.

Ich sehe sie wieder vor mir, seine Laternen: 1947 die Elsässer Gemüsefrau mit dem Zöllner, 1948 der Häftling im ‹Gestreiften› und auf dem ‹Pfersigbaimli› sitzend, 1950 der schleichende Indianer bei ‹Pittet's drohtlooser Blamage› oder dann später das ‹Güllenpumpwerk Basel›: «Wenn d lache wottsch, denn luegsch dr Rasser, wenn d kotze wottsch, dringgsch Basler Wasser.»

Max Wilke malte die Laterne der Jungen Garde in den Jahren 1947 bis 1967, einundzwanzigmal also. Aber nicht nur das — er schuf für uns auch eine ganze Anzahl von Radierungen, welche wir unseren ‹guten Geistern›, unseren Helferinnen und Helfern anlässlich des Bummels im Bottminger Schloss zum Dank

1952
Olympia Jungi Garde
Sujet
‹Binnige—Bottmige—Oberwil:
Zwanzig Rappe-n-isch mer z vyl!›
Vortrab-Entwurf
von Max Wilke
Bähnli-Aktionär

überreichen durften: Fasnachtszigli, die ‹Alti Schmitti› in der Unteren Rheingasse (unser vorübergehendes Stammlokal) als Fasnachtshaus. Und auf einer dieser Radierungen steht geschrieben: «Mer sinn am Vieri no immer marschiert.» Richtig. Und wir haben auch stets unsere Wilke-Laterne gehabt. Ich erinnere mich noch gut, dass Max Wilke an einem Bummel gesagt hat: «Die Junge Garde bekommt immer eine Laterne von mir, auch wenn ihr sie einmal nicht bezahlen könnt.»

Seit 1978 ist er nicht mehr unter uns. Aber trotzdem sagen wir ihm noch einmal herzlichen Dank für alles, was er uns Jungen gegeben hat. In alter Anhänglichkeit und im Namen von uns damaligen Junggardisten.

Peter Pardey

DR OBMA VO DE JUNGE MAINT

Drehen wir den Zeiger ein paar Jahre (eher schon Jahrzehnte!) in meine Junge Garde-Zeit zurück. Vor zwanzig Jahren stiess ich als Sechzehnjähriger zur Tambourengruppe der Jungen Garde. Herrliche Erinnerungen! Jeden Mittwoch Feiertag. Im alten ‹Spitz›. Anschliessend Stadt verunsichern. Nachdem der erste Alterskollege mit Vaters Wagen anrauschte, dehnten wir unseren Wirkungskreis aus. Von Wurst mit Brot wurde auf ‹Späckplättli› umgestellt. Von Bier auf Wein. Alles mit Mass, versteht sich von selbst!

Dann nahte die Zeit des Übertritts zum Stamm. Wehmütig entliessen wir die älteren Kameraden, wehmütig verliessen wir die Jüngeren, als die Zeit gekommen war. Mit grossem Unbehagen besuchten wir die ersten Übungen in der ‹amorphen› Masse. Respektvoll warteten wir die ersten Annäherungsversuche derjenigen ‹Alten› ab, welche mit dem ‹Du›-Sagen auf sich warten liessen. Dank der gut entwickelten Kameradschaft in der Jungen Garde wurde der Übertritt jedoch zur Selbstverständlichkeit und relativ leicht verdaut. So gut

VOM KÄMMERLI
ZEM LARVEKÄLLER

verdaut, dass ich immer noch, wie die meisten meiner damaligen Kameraden und heutigen Freunde auch, ein aktiver Olymper bin.

Und in der Zwischenzeit sogar Obmann der Jungen Garde. Einer Jungen Garde, in welcher ich mich sowohl als Obmann als auch als Junggardist, denke ich mich zwanzig Jahre jünger, immer sehr wohl gefühlt habe. Was aber hat sich in diesen zwanzig Jahren geändert?

Der Mittwoch (oder der Donnerstag bei den Pfeifern) ist immer noch Mittwoch (oder Donnerstag). Jedoch bestimmt ein Tag vor irgendeiner Prüfung. Also erzwungenermassen kein Feiertag mehr! Leider! Das alte ‹Café Spitz› ist, obwohl bald wieder alt, neu. Mit Vaters Wagen fährt keiner mehr vor, weil kein Parkplatz zu finden ist. Und weil jeder sowieso einen eigenen Töff besitzt — und sowieso gleich nach der Übung auf die nächste Prüfung büffeln muss. So wurde immerhin wenigstens die Wurst mit Brot nicht durch einen Hamburger ersetzt. Und das ‹Späckplättli› nicht durch einen Imbiss in der Autobahnraststätte. Im Gegensatz zu unserem damaligen massvollen Genuss von ‹verbotenen› Genussmitteln steht heute offenbar der masslose Drang zur Wissensvermittlung (als hätten wir früher zu wenig Wissen mitbekommen!).

Erfreulich bleibt, dass die Jungen trotzdem mit Begeisterung an den Fasnachtsvorbereitungen teilnehmen. Begeisterte Fasnächtler sind. Obwohl nichts damit zu gewinnen ist. Oder doch?

Die Jungen wünschen dem Stamm ein herrliches Jubiläumsjahr und freuen sich auf das Hundertjährige, wenn sie selbst dabeisein können …

Werner Waldhauser

Die Geschichte dieses Kapitels begann am 23. Oktober 1963: An jenem prächtigen Abend waren die Olymper, die Mitglieder des Spiels der Drei Ehrengesellschaften Kleinbasels und das Jodlerdoppelquartett Kleinbasel im alten ‹Café Spitz› zum ‹Usdringge› und Abschiednehmen von der Stätte erinnerungsträchtiger Feste vereint. Während die Stimmung in der grossen Runde sehr heiter war, sassen einige Vorträbler sorgenvoll vor halbleeren Gläsern, denn Vortruppchef Paul Doppmann hatte an jenem Tisch soeben verkündet, dass für das Olymper-Mobiliar — es war in einer der obersten Kammern im ‹Café Spitz› untergebracht — noch kein neuer Einstellraum gefunden worden war. Bis spätestens in einer Woche musste das ‹Spitz› geräumt sein, denn die Baupolizei hatte die endgültige Schliessung der durch Feuer und Wasser schwer beschädigten Liegenschaft verfügt. Das ‹Organisieren› einer neuen Kammer für unsere Möbel, Helgen, Becher, Keramikfiguren usw. war also das dringendste Gebot der Stunde.

Und tatsächlich, innert kürzester Frist konnte im Hinterhaus der Liegenschaft St. Alban-Vorstadt 58 an der Ecke Malzgasse eine neue Stube gefunden werden (mit allen Ermahnungen seitens der Besitzerin, für Ruhe und Ordnung besorgt zu sein …). So fuhr denn am Samstag, 30. Oktober 1963, ein Lieferwagen mit dem Mobiliar und all den Kostbarkeiten aus dem ‹Spitz›-Kämmerli in den Hof an der Malzgasse. In beinahe übermütiger Freude wurde von den neuen Räumen Besitz ergriffen und Stück um Stück die enge Holztreppe hinaufgetragen. Ende gut, alles gut! Jetzt war's Zeit für eine Stange ‹hell› im gegenüberliegenden ‹Dalbe-Eck›, einer damals noch urgemütlichen Quartierbeiz mit einem alten Ofen mittendrin. Hier verbrachten wir Vorträbler noch manche frohe Stunde nach der Arbeit in der neuen Olymper-Stube, denn es gab allerlei zu tun, bis sich diese schmuck und heimelig präsentierte.

Die Freude an der neuen Stube dauerte allerdings nicht allzulange. Übers Jahr forderte der Kunsthändler, dessen Galerie sich im Parterre des Vorderhauses befand, unsere Räume in Miete zur Einrichtung eines Ateliers. Diesem Ansinnen konnte sich die Hausbesitzerin nicht verschliessen. Und wieder hiess es, in kurzer Zeit eine neue Bleibe zu suchen. Uns war bekanntgeworden, dass der Keller des St. Alban-Stifts der Papierfabrik Stöcklin als Lager für

Vortrab-Entwurf
von Max Sulzbachner
1961

heim. Und so kamen wir früher, als wir je zu hoffen wagten, zum Stiftkeller, wo einst sogar Arnold Böcklin gearbeitet haben soll.

Im Keller begann ein eifriges Werken, das sich über einige Jahre erstrecken sollte. Mit der Zeit wurden eine Wasserleitung installiert, ein WC eingebaut, der Boden planiert und mit Asphalt belegt, Gas- und elektrische Leitungen montiert, der Mauerputz erneuert. Auf dem ‹Armenweg› wurde ein Kochherd besorgt, aus umbaureifen Beizen Stühle und ein Buffet hergeschafft, und die Decke zwecks Schalldämpfung mit Hunderten von ‹Eierbrättli› versehen. Der Hindernisse in unserem Vorhaben gab es viele. Zunächst galt es, die Skepsis einiger älterer Mieterinnen im Stift zu beschwichtigen («Jä nai, e so ebbis! E Clique in däm ehrwirdige Stift!»). Dann musste vor jeder Installation die zuständige Amtsstelle begrüsst werden. Dabei stiessen unsere Vorhaben nicht immer auf Begeisterung. Besonders schwierig war das Verlegen des Ofenrohres: Ein Anschluss an ein Hauskamin war nicht möglich. Also musste das Rohr nach aussen münden, und das ergab vorerst einige Probleme wegen der Vorschriften des Heimatschutzes.

Trotz der anspruchsvollen Schafferei herrschte bei den Samstagsarbeitern — es waren meistens dieselben — eine gute Stimmung, und dies besonders dann, wenn wieder ein Problem aus der Welt geschafft worden war. Unvergesslich zum Beispiel das Verlegen des Bodens: Eines Samstagmorgens stand vor dem Kellereingang eine grosse dampfende Asphaltküche. Der Rauch stach weitherum allen in die Nase, und viele Mieterinnen reklamierten empört. Dazu kam, dass die beissenden Dämpfe via Mauer- und Bodenritzen auch vom Kellerinnern her in die Wohnungen drangen. Nun, als die letzte Portion Asphalt in den Keller befördert worden war, atmeten auch wir Handlanger auf.

Die Arbeiten unserer fleissigen Vorträbler gediehen stetig; alle anderen Olymper hatten uns zum voraus ihr Vertrauen geschenkt und liessen uns dann bei der Arbeit ungestört!

Mit der Zeit ist aus der Stube im Stiftkeller ein Atelier geworden, das heute aus dem Leben der Olympia kaum mehr wegzudenken ist. So werden dort seit 1965 alljährlich unsere Larven im Do-it-yourself-Verfahren hergestellt.

alte Maschinenteile diente. Auf Anfrage erklärte sich die Firma, die schon vor einiger Zeit ihren Sitz ins Birstal verlegt hatte, bereit, uns den halben Keller (mit trennendem Lattenverschlag) abzutreten. Es war ein Raum ohne Licht, ohne Wasseranschluss, mit einem unebenen Naturboden und feuchten Wänden; überall lagen gusseiserne Maschinenbestandteile herum. Wenn man diesen Keller ausbauen könnte!? Ein beinahe verwegener Gedanke.

An jenem Samstagnachmittag, an dem einige Vorträbler die schweren Gussräder und andere Teile für den Abtransport zum Alteisenhändler bereitstellten, war der Firmenvertreter beim Ausscheiden des Alteisens sehr grosszügig vorgegangen. Resultat: Nach dem ‹Ausmisten› stand der Raum praktisch leer. Angesichts dieser Situation zügelte die Firma die wenigen verbliebenen Gegenstände nach Arles-

Jacques Meili

RÉSERVÉ FIR D OLYMPIA

50 Jahre Olympia — wahrlich ein Grund zum Feiern. Aus diesem Anlass lud die Olympia im Jahre 1958 zu einem Herrenabend ein. Wie es sich für einen ordentlichen Geburtstag gehört, fand sich die ganze ‹Crème de la crème› der Basler Fasnachtswelt ein und überbrachte die Glückwünsche der Cliquen. Unter den Gratulanten befand sich auch Edi Willi, der damalige Obmann der Pfluderi. In Fasnachtskreisen war er weiterhum bekannt für seine träfen Bemerkungen, so dass man auch an diesem Abend gespannt auf seinen Auftritt wartete. Mancher Olymper mag sich gefragt haben, was denn eine Reservationstafel der SBB an diesem Anlass zu suchen habe, denn genau dieser Gegenstand war es, den Edi Willi, vorerst etwas verlegen, hinter seinem Rücken verbarg. Bekanntlich werden Eisenbahnwagen für Gesellschaften mit einer Reservationstafel gekennzeichnet, auf welcher der Name der Gesellschaft und das Ziel der Reise vermerkt sind. Und da die Olympia für ihre unzähligen Reisen ins Ausland bekannt war, brachte Edi Willi der jubilierenden Clique gleich ihre eigene, höchstpersönliche Reservationstafel mit.

Und tatsächlich: Die Olymper waren und sind auch heute noch eine reisefreudige Gesellschaft. Es würde Bände füllen, wollte man alles Heitere — und manchmal auch Tragikomische — erzählen, das sich auf solchen Reisen abgespielt hat. Wer könnte zum Beispiel die Betroffenheit der Casinobesucher und -mitarbeiter von San Remo schildern beim Anblick einer Olympia, die in zackigem Marschtempo, in scharlachrote Waffenröcke der ‹Beresina-Schweizer› und von Kostüm-Kaysers Gnaden gewandet, den ‹Arabi› zum besten gibt? Die zahlreichen Aufseher und mit ihnen die gewandten Croupiers erstarrten zu Salzsäulen, als der Tambourmajor — notabene ein Pfeifer — mit elegantem Schwung seinen prächtigen Stock in die Höhe warf, geschickt zwischen den Kronleuchtern hindurchzielte und zur allgemeinen Erleichterung gekonnt wieder auffing. Ein Ereignis soll hier speziell herausgegriffen werden: Es begann mit einem Fernschreiben aus New York. Darin hiess es, dass die dortige Schweizer-Kolonie die Absicht habe, eine Gruppe von Tambouren und Pfeifern zu ihrem Jahresball nach New York einzuladen, da dieser Anlass der Stadt Basel gewidmet sei und somit eine typisch baslerische Musikuntermalung wünschenswert wäre. Nachdem kurz vorher eine andere bekannte Clique auf einen Scherz hereingefallen war — sie wollte in historischen Kostümen, mit Grossaufmarsch und rotem Teppich, am Bahnhof SBB eine hochgestellte deutsche Persönlichkeit des öffentlichen Lebens empfangen, der sich jedoch als Cliquenpräsident von der lieben Konkurrenz entpuppte —, sondierte man über die cliqueninternen Kanäle vorsichtig in der Neuen Welt. Und siehe da: Die Einladung war echt.

So wurde eine Gruppe von sechs Pfeifern und drei Tambouren für die Zeit vom 23. bis 26. Januar 1975 nach New York delegiert. Wieder einmal machten Olymper New York unsicher. Böse Zungen munkeln, dass einzelne Delegationsmitglieder während ihres New York-Aufenthaltes mit insgesamt acht Stunden Schlaf ausgekommen seien … Im Guiness-Buch hat dieser Weltrekord leider nie Aufnahme gefunden. Nach Ankunft in New York fand mit den Verantwortlichen des Festes eine kurze Besprechung statt, und ein Augenschein im Hotel ‹Plaza› zeigte schnell, wie der vorgesehene Auftritt zu organisieren sei. Die Mitglieder der Schweizer-Kolonie staunten nicht schlecht, als an diesem Abend ein Waggis, ein Harlekin und eine Alte Tante aus den altehrwürdigen Wandelhallen hervortraten und, rittlings auf der reich geschnitzten Balustrade sitzend, im Stile der Balkonszene des Drummeli die lieben Amerika-Schweizer begrüssten. Mit den Worten «Jetz, liebi Basler, dient nit gryne, waiht Basler Luft ins Plaza yne» liessen die Olymper die mitgebrachten Räppli in den Saal regnen, worauf die befrackten Herren und die tief dekolletierten Damen mit spitzen Fingern versuchten, die feucht gewordenen Räppli aus ihren Champagnergläsern aus edlem Kristall zu fischen. Beim anschliessenden Gala-Essen trat die Olympia noch zweimal auf und überreichte dem Präsidenten der Schweizer-Kolonie eine Steckenlaterne.

Ja, und dann kam es eben, wie es kommen musste. Man wollte die Olymper nicht mehr aus dem Saale lassen und rief immer wieder nach ‹Zuuugabeee›. Manch einer erinnerte sich mit Wehmut an seine eigene Basler Zeit. Und beim gegenseitigen Gedankenaustausch und ‹Ins-Schyylee-Hyyle› verging die Zeit im Fluge, bis einer in den frühen Morgenstunden den Vorschlag machte, man könnte doch eigentlich auch in New York ‹gässle›. Gesagt, getan, und schon formierte sich vor den erstaunten Augen des Nachtportiers der Nobelherberge ‹Plaza New York› ein ‹Schyssdräggzigli›.

50 Johr Olympia
Heere-Obe
Dr Presidänt het
vom Edi Willi
s Réservé-Schild
bikoh

te, sondern schlicht und einfach beim roten ‹Wait› weitermarschierte. Die noch immer tätigen ‹shoeshine-boys› liessen für einen Moment ihre Arbeit aus den Augen und müssen vor Überraschung manch einem Kunden nicht nur die Schuhe, sondern auch die Hosen bis zur Wade mit geschmeidig machendem ‹shoeshine-wax› eingerieben haben, während die Zeitungsverkäufer ihre Arme verblüfft sinken liessen und die Welt nicht mehr begriffen.

Knapp eine Stunde dauerte der New Yorker Morgestraich, dann verkrochen sich die seltsamen Menschlein wieder im ‹Plaza›, um dort zur eigenen Überraschung festzustellen, dass in den ihnen zum Umziehen zugewiesenen Schlafzimmern bereits andere Gäste schnarchten … Man sieht, Amerika ist tatsächlich das Land der unbegrenzten Möglichkeiten.

Freddy Glaser

Was sich in der nächsten Stunde abspielte, hat New York vermutlich noch nie erlebt. Aus dem Dunkel des alten Gemäuers des ‹Plaza› bewegte sich plötzlich eine Gruppe eigenartig verkleideter Menschlein und zog in langsamen, gemächlichen Schritten durch die Häuserschluchten der Millionenstadt. Dazu spielten sie unbekannte, hart klingende Weisen auf eigenartigen Holzflöten. Dahinter schlugen andere, nicht minder skurril gekleidete Gestalten auf fassartige, fellüberzogene Zylinder, die einen dumpfen Rhythmus von sich gaben. Hinter dieser farbenprächtigen Gruppe gingen Ballgäste in reinster Verzückung im Gleichschritt: die Damen im langen Schwarzen, darüber das Nerzverzierte, die Herren im schwarzweiss Gestreiften mit goldener Uhrkette, den Blick verzückt in den schwarzen Nachthimmel gerichtet, sich im Takt der Trommeln wiegend. Dieser eigenartige Zug bewegte sich aber nicht etwa, wie es sich für Fussgänger in grösseren Städten gehört, auf dem Trottoir, sondern er nahm in der Breite von vier Mann einen ansehnlichen Teil der Fifth Avenue in Anspruch.

Die schwarzen Taxichauffeure in den gelben Cabs blickten verwundert dem komischen Treiben nach und waren bass erstaunt, als der Zug bei den Verkehrsampeln nicht etwa auf das grüne ‹Go› warte-

E JEEDE WILL DR KEENIG SY

Das feyn Gedicht do han y am Zyschdig no
dr Fasnacht 1982 im Briefkaschte gfunde.
Es syg schynts gschribe worde als Märli, als
Draum in Gedangge an unser Jubileum.
«Nundebuggel, gäb das e Sujet!» isch mr dur
dr Kopf gange. Grad nonem Bummel, an dr
erschte Kommissionssitzig, han y die keenigligi
Idee als Sujet fir d Jubileums-Fasnacht 1983
vorgschlage. Und so isch denn jeede vo uns
e Fasnacht lang dr Keenig gsi!

Dr Sujet-Obma

Y waiss, in Eyrer groosse Schaar
redt mängge mit und s het e baar,
wo gärn dr Kaare wette rängge
und zerscht ans aige Prestige dängge!

By Eych wird zwor no d Uussprooch pfläggt,
Ihr reedet — mänggmool fascht diräggt
und ebbe falle gar no Nämme! —
Was nutzts, es braut sich wider zämme:

Nit zletscht wird s Sujet als s Objäggt,
wo Zindstoff liggt und d Lunte stäggt!
Drumm wett y Eych e Sujet roote,
wo kain ka an dr ander groote!

E Sujet, wo e jeedem bringt,
wo är im Ghaime drnoh ringt,
s isch intärn gmaint, s passt extärn dry:
«E jeede will dr Keenig sy!»

Dr Zug will ych beschrybe doo,
y gsehnen heerlig vor mr stoh!
Die Keenig uffem Ross! Sy rytte
voruus ys wie zue alle Zytte.

Im Vortrab kunnt kai Hälferschar!
s isch jeede au e Keenigsstar —
fir aimool glyych — grad wie d Dambuure
e groossi Schar vo Prachtsfigure.

E Kreenigsdrotschge s Requisyt!
Do isch au s Kütschli nimme wyt —
so prächtig uffgfrischt, s duet ganz blitze —
und — d Kütschli-Keenig dinne sitze!

Denn kunnt d Latärne! unsre Sitz!
s isch unsri Burg, s isch s Kaffi Spitz!
Hoch ibrem Rhy gsehsch d Fänschter glänze —
d Olymper sunne ihri Ränze!

Dr Dambourmajor (— kennsch en gar? —):
Är lauft als Hirt vor syner Schar
so rächt Verirrti und Verwirrti
so keenigsmäässig gsattlet Gschirrti!

Doch jetze — hebb dy! — jetz kunnt s Korps!
s sin alles Keenig — lueg — s isch wohr!
s sin achzig! nai! das sin nit wenig!
Gsehsch gly dr Erl-, dr Lällekeenig!

Und s derft nit fähle, s wär kai Art
dr prächtig Keenig Drosselbart!
Und dä wo als so gumpt mit Schnalzer,
das isch dr Keenig vo de Walzer!

Dr näggscht het Pluderhoose a,
dr Keenig ab del Trullala!
Mit schwarzem Gsicht und schwarze Ohre
entdeggsch dr Keenig vo de Moore!

Dr Eggekeenig usse linggs,
dr Schitzekeenig dert uus — dings!
Jä lueg doch numme, kasch lang luure:
Dam-Keenig sins und nit Dam-Buure!

Dr Sunnekeenig hinde rächts
dänggt zwor vom Hunnekeenig Schlächts!
Doch duet das jetze kuum meh gwichte,
vergässe sin die Ehrgyzgschichte!

Dr intärn Pfyfferkeenig schloht
grad s Raad wo dr Herodes stoht!
Froschkeenig hebbt die goldig Balle!
Es lychte vo de Schueh häll d Schnalle —

Dr waisi Keenig Salomo,
dr Keenig Balthasar isch do,
dr Keenig David — uff dr Larve
het är montiert die goldig Harfe!

136

Zaunkeenig gsehsch, e jeede stolz —
dr Kaigelkeenig ganz uus Holz!
Dr Keenig vo Thule, dr Keenig vo Bättler,
dr Keenig vom Jasse, är haissi schynts Blättler —

Dr Keenig vom Schach, dr Keenig im Schnee,
dr Louis Onze, dr Keenig René,
dr Keenig vom Mindere Basel lauft inne,
worum dä nit ryttet? Do muesch di nit bsinne!

Ai Keenig lys als Adler schwäbt,
und sich als Keenig der Lüfte erläbt!
Und aine, verschrigg nit, kunnt nomool als Tanne!
Als Keenig des Waldes fyhlt är sich, Manne!

E jeede Keenig het sy Gsicht —
grotesk dä, trotzig, fys, muff, schlicht,
aim lychte d Auge, s isch e Gniesser,
ain uffem Gang no Rom, e Biesser!

Dr aint isch grooss, dr ander glai,
dä trait e Rogg, by dämm gsehsch d Bai,
do lauft e digge, dert e dinne,
aim mergsch grad a, dä wurd nie gwinne!

Ain bruucht Metall, ain drait Brokat
und dert het ain scho s Schwärt parat!
Dr Keenig Dietrich lacht verdrosse,
het syner Frau dr Schooss verschlosse!

Und aim sy Gsicht, das gseht so dry,
mainsch gsäächsch sy Ahnegalerie —
Doo kennt dr Zeedeldichter schwelge!
mai uff d Latärne gääb das Helge!

Doo Keenig hi, dert Keenig häär,
s schynt Keenig z sy, syg gar nit schwäär,
jo, s wichtigscht isch scho d Kopfbedeggig,
syg d Kroone rund, syg d Kroone eggig!

s umschmeichlet jedes Haupt das Gold
und d Rychsinsignie lychte hold!
Die goldegääle Messingdrummle!
und d Pfyffer dien am «Silber» fummle!

Es glänzt Rubin, es blitzt Smaragd!
Das glitzeret ass s aim grad paggt!
de gsehsch Achat und Diamante —
die Stai sin rund, oval, hänn Kante —

s het Steffli schwäär und waich — Velours!
Vo Sparmaassnahme gar kai Spuur!
Doch zmitts im Glanz — im roote Lumpe
gsehsch du dr Hofnaar ummegumpe!

Im Zeedel wurd denn ebbe stoh:
Me well fir das Johr in sich goh,
s syg schwäär, mr syge drumm nit weenig
und jeede wär scho gärn dr Keenig!

s foht mit em Sujet vorne a
dr Sujetobma muess frieh dra
är het denn no zwai drey Trabante
die hälfe s Sujet ihm verquante
doch sait mit Rächt är: Diens Eych merge
Mi sotteter als Keenig sterge!

Kuum foht do a s Termingedräng
bruuchts scho dr Täggscht in Rädäbäng!
Zwor duet me do nit grooss beroote
me hofft, är wurd denn scho aim groote,
doch kuum het dä en rächt gebore,
fyhlt dä zem Keenig sich erkore!

Es wird no schlimmer, wird zur Qual,
so rächt bym Thema Stoffuuswahl!
Dert träffe sich: dr Muschterhooler,
dr Kinschtler und Figuuremooler,
dr Oberbaschtler uus em Käller
und jeedem glänzt scho d Kroone häller!

Denn erscht im Spil! Es deent scho bleed!
Me griesst sy Chef mit Majeschteet!
Und jeede suecht und wirbt um d Wett,
ass är denn meh Vasalle het!
Wär sälber s Spil durchschaut erscht weenig,
sait mindeschtens: Ych dien mym Keenig!

Am Vogel Gryff denn haissts, s isch wohr,
dr Keenig isch doch dr Major!
Är muess ellai jetz kommandiere
und d Gsellschaft samt em Spil aafiehre!
Doch scho sait ain: Ah, är hätt d Rächt —
nai merci — und mir wäre d Knächt! —

Dr Schryner mäldet sich zem Wort:
Latärnebau syg nit sy Sport!
Zwor dieg är gärn das Holzgschtell trimme,
doch hätt är denn au gärn vyl Stimme!
Är dieg am Schluss au no laggiere,
drumm wett als Keenig är regiere!

Do lacht dr Mooler lutt und schrill:
Was dä denn do laggiere will?
Wär losst denn s Sujet uusestrahle?
Wär ringt sich ainsam ab mit Quale?
Latärnemooler greeschte Firscht!
Das isch esoo, s git kaini Wirscht!

Apropos Wirscht, sait do dr Dichter,
ihr sind doch alles glaini Wichter!
Was blybt vo allem: Dasch dr Zeedel!
Dä fasst in Wort d Idee — dasch eedel!
Dr Dichterfirscht isch Keenig — still!
Är schrybt au schliesslig was er will!

Jezt mäldet sich dr Källerchef:
Är sait: Ych bi dr Keenig, bref!
Wie wettet ihr denn alles rischte,
dät ych Eych nit dr Käller mischte?
Dr Ton fir d Larveform — ihr Debbe!
dr Gips, s Papyr Eych aaneschleppe!

Du tyschesch Di und zwor fatal!
sait druff dr Chef vom Matrial —
Dängg doch emool und denn stells richtig:
Im Käller isch doch s Wärgzyg s wichtig!
Und ych ha d Schlissel, mach Eych z tanze,
ych bi dr Keenig vo däm Ganze!

(Drwyl wird amme Ort scho ghaschtet,
s wird kuum me drungge und s wird gfaschtet:
By unsere zwai bydere
ganz maximaale Schnydere!
Me heert e Schrey, e haisere:
Mir wäre denn zwai Kaisere!!)

Nai, nai, im Ärnscht — mahnt aine do —
Wo wäret ihr als aanekoh?
Dr Zugchef styrt, duet ständig «jeggle»
und d Route fir- und hindreseggle!
Wär mym Befähl nit folgt bestraigg y!
Zwor druggt my d Kroone, doch die schlaigg y!

Es lähnt ain zrugg, sait: Freylain, Bier!
und lacht: dr Greescht isch dr Kassier!
Ihr Gluschtige no Macht, ihr Gleezi!
erinneret Eych doch an d Speezi!
Wenn ych, dr Keenig mit dr Kasse
verschwinde wurd! Gsehschs? Kasch dy fasse?

Wo alli sich so d Zunge scherfe
fir s Keenig sy und blybe derfe,
doo mäldet sich au no dr Schryber,
dr Vice-Preesis isch so lyber,
syt jehäär, sait ys dr Chronischt denn,
bi ych dr Keenig, wien y mi kenn!

Villicht kennsch du di aber schlächt,
y froog mi nämmlig wirglig ächt,
als Presidänt bin ych halt zschych!
Wär nit villicht dr Keenig ych?
Dr Grund will scho so lang ych schwyg
isch: mängge — zuegäh — hätt scho s Zyg!
Und doch, wenn d Macht e jeede wett,
verheyts, mir mache ys zem Gschpett!

Mir wänn s Scheenscht an dr Fasnacht iebe:
Uns sälber meh uff d Rolle schiebe!
Zem Frohsy bruuchts bekanntlig weenig —
und wär froh isch, isch e Keenig!

Wie? Wär das gschiggt het? — s isch nit schwäär!
s isch dä, wo gärn dr Hoofnaar wär!

Peter Baumgartner

Kostümentwurf
von Armand Bailleux
E Keenig, 1983

139

SUJETS 1909–1983

1909	Bolizey-Zug	1946	s Basler Kulinarisch Gastflohnikum
1910	Quodlibet und Wurzegraber (Bajazzo-Zug)	1947	s Wäntele-Gsetz
1911	Langi Erle	1948	dr Kanton Jura
1912	Riechemer-Stall-Visite	1949	dr Waldi
1913	Kaiserempfang	1950	s Gschyss um s Goethe-Johr
1914	Färberstreik	1951	dr Rootskäller im Blaue Huus
		1952	dr 200 000. Basler
		1953	Basilisk und Zirilai (Frindschaftswuche)
1919	Protäscht Morgestraich	1954	Verzell du das im Fährima
1920	Basel—Bärn	1955	d Räblyte het si het
1921	Kunschtkredit	1956	dr Wettstai-Brunne
1922	Gastwirtschafts-Usstellig	1957	Pariser Mode à la Bâloise
1923	Vermeegensabgoob	1958	2050 Johr Fasnacht (Jubiläumszug)
1924	dr Keenig vo Rieche	1959	Hula-Hopp, mir verbleede
1925	s Goetheanum	1960	s Schlangefänger-Kaffi zer Yams-Knille
1926	Sens unique	1961	Ich schlage vor — was mir wänn anderscht ha (Verkehrsverein)
1927	d Rekordsucht	1962	Lieschtel zindet Basel a
1928	d Sumpfkolonie Otterbach	1963	IG-Zauber
1929	d Suffra	1964	— Stenzler und Mätzli
1930	Weil am Rhein (Basel am Birsig)	1965	Hopp Schwyz — Snob Schwyz
1931	s Roothuus-Träffe S.P.Q.B.	1966	Semaines frass-es
1932	Basler Moritate	1967	Do hesch denn s Gschängg
1933	d Widervereinigung	1968	d NZ paggt haissi Yse a
1934	dr Uff- und Abrischtigszirkus	1969	s Laub(er)-Hütte-Fescht an dr Stadthuus-Gass
1935	d Wiener walze	1970	GEYCI
1936	Sauce fédérale	1971	Commedia dell'Arte (ART-Kunstausstellung)
1937	s Styrparadys Basel	1972	Oh my Darling Valentine (John-Valentine-Fitnessclub)
1938	See Basle (Verkehrsverein)	1973	d Birgerwehr (I)
1939	Spiritus Helveticus	1974	Regio Basiliensis — 10 Johr Aigegool
		1975	Buure- und Birger-Universiteet Basel
		1976	s Ereffnigsschloofe im Hotel Basel
		1977	s eidgenessisch Schwing- und Älpler-Fescht z Basel
		1978	s ganz Johr Fasnacht
		1979	s isch verhäxt (Häxezug)
		1980	Mir wänn no lang kai Summerzyt
		1981	D Zyt isch ryff — mr sin wider do (d Birgerwehr II)
		1982	Dr Wald hets satt — er kunnt in d Stadt
		1983	E jeede will dr Keenig sy

LATERNENMALER
1909–1983

1909	Adolf Sigrist
1910–1912	Carl Roschet
1913	Rudolf Dürrwang
1914	Adolf Fischer
1920	Rudolf Dürrwang
1921–1922	Paul Rudin
1923–1927	Karl Hindenlang
1928–1934	Ferdinand Schott
1935–1936	Karl Hindenlang
1937–1939	Otto Plattner
1946	Karl Hindenlang
1947	Martin Burckhardt
1948	Alex Maier
1949–1964	Max Sulzbachner
1965–1972	Kurt Pauletto
1973–1983	Roland Gazzotti

EMPFÄNGER
DES SAFRANBECHERS
1933–1983

Jahr	Name	Nr.	Tambour	Pfeifer
1933	Hans A. Suter	1	T	
1934	Carl S. Baumgartner	2	T	
1935	Ernst Plattner	3		P
1936	Gustav Werber	4	T	
1937	Bernhard Sarasin	5	T	
1938	Charles M. Keller	6	T	
1939	Max Meury	7		P
1940	Max Höhner	8		P
1941	August Hasler	9	T	
1942	Willy Mollinet	10	T	
1943	Hans Siegrist	11	T	
1944	Carl Bauer	12	T	
1945	Willy Hurst	13		P
1946	Ernst Fürst	14	T	
1947	Gustav Neuschütz	15		P
1948	Robert Mollinet	16		P
1949	Walter Meyer	17	T	
1950	Max Manger	18	T	
1951	Siegi Pettermand	19		P
1952	August Apel	20	T	
1953	Paul Hug	21	T	
1954	Mix Hug	22	T	
1955	Gustav Grieder	23		P
1956	Alfred Bosshardt	24		P
1957	Dölf Butz	25	T	
1958	Max Fessler	26	T	
1959	Uz Oettinger	27		P
1960	Raoul Baumann	28		P
1961	Werner Grässlin	29	T	
1962	Alfred Werber	30	T	
1963	Richard Hablützel	31		P
1964	Roger Baumann	32	T	
1965	Hans Aeschbach	33		P
1966	Emil Müller	34		P
1967	Werner Hablützel	35	T	
1968	Toni Bagutti	36	T	
1969	Hans Kehlstadt	37		P
1970	Peter Baumann	38	T	
1971	Charles Keller	39	T	
1972	Hansueli Rubin	40	T	
1973	Lucas Sarasin	41		P
1974	Werner Winkler	42		P
1975	Peter Pardey	43	T	
1976	Hanspeter Hediger	44	T	
1977	Freddy Glaser	45		P
1978	Jean Voellmy	46		P
1979	Paul Haefeli	47	T	
1980	Urs Beat Pfrommer	48	T	
1981	Paul Schweizer	49		P
1982	Dieter Weber	50	T	
1983	Fritz Gysin	51	T	

AKTIVMITGLIEDER
1983

Peter Ammann
August Apel
Rolf Bächli
Renato Bachmann
Toni Bagutti
Armand Bailleux
Arthur Bauer
Marcus Baumann
Peter Baumann
Philip Baumann
Roger Baumann
Peter Baumgartner
Willy Billeter
Horst Binggeli
Jürg Bloch
René-Guy Bochud
Peter Böhmler
Andreas Brenner
Paul Broy
Peter Bruckner
Ruedi Bruckner
Willy Bühler
Beat Burckhardt
Dölf Butz
Hans Doebelin
Felix Drechsler
Rudolf Dürig
Emil Ehret
Harry Eigenmann
Carl Einsele
Jörg Emhardt
Werner Emhardt
Paul Engeli
Beat Ernst
Peter Ernst
Marcel Ferralli

Alex Fischer
Markus Flühler
Rolf A. Flühler
Klaus Ganz
Roland Gazzotti
Felix Gessler
Freddy Glaser
Paul Gloor
Iwan Gronostay
Lucas Güdemann
Urs Guggenbühl
Werner Guggenbühl
René Guillod
Andreas Guth
Fritz Gysin
Richard Hablützel
Paul Haefeli
Hans Hammel
Dieter Hasler
Urs Hasler
Jürg Hatz
Eduard Hentz
Daniel Hoch
Christoph Hochstrasser
Hans-Peter Hochstrasser
Freddy Huber
Fritz Isenegger
Hans Isenegger
Roland Isenegger
Hermann Jäger
Peter Jascur
Georges André Jehl
Ruedi Kämmerle
Hans Kehlstadt
Charles P. Keller
Charley Keller

Theo Kim
Ulrich Klahre
Fritz Kohlbrenner
Peter Kohlbrenner
André Koller
Ernst Küng
Dieter Kusmierz
Peter Lenz
Thomas Linsi
Carlo Livio
Max Manger
Hans Meerwein
Hans Meier
Jacques Meili
Hans Meiner
Dieter Moor
Rolf Müller
Walter Müller
Hans Nidecker
Peter Pardey
Walter Pardey
Victor Pensa
Ernest Perret
Felix Peter
Hansruedi Peter
Jürg Peter
Urs Beat Pfrommer
Ernest A. Plattner
Vladimir Popovic
Daniel Portmann
Franz Portmann
Hans Jörg Reck
Hanspeter Robischon
Hansueli Rubin
Hans Schachtler
Georg André Schlager

Toni Schöpfer
Urs Schwald
Albert Schweighauser
Karl Schweizer
Karl Schweizer jun.
Martin Schweizer
Paul Schweizer
Urs Schweizer
Walter Schweizer
Jörg Sommerhalder
Hansjörg Stalder
Hansjörg Stehle
Walter Stieber
Roland Stöckli
Ernst Stricker
Daniel Suter
Roger Uecker
Christian Vanoni
Jean-N. Voellmy
Ernst von Arx
Reto von Bidder
Willi Vosseler
Werner Waldhauser
Dieter Weber
Ernst Weiss
Stefan Wernli
Dieter Werthemann
Christian Widmer
Erich Widmer
Karl Wild
Werner Winkler
Markus Wisson
Thomas Zeller
Benni Zeuggin
Christoph Zingg

PASSIVMITGLIEDER
1983

Willy Abt
Fritz Ackermann
Hans Aeschbach
Max Afflerbach
Lukas Alioth
Jürg Alt
Armand Arbenz
Mario Bagutti
Edgar Baumann
Robert Baumann
Hannes Baumgartner
Manfred Baumgartner
Bebbi-Club New York
Rico Bernardi
Robert Bilger
Willi Bitterli
Ernst Blaser
Fritz Blaser
Werner Blumer
Edy Bohnenblust
Alfred Bohny
Max A. Bombis
Max Bonnet
Peter Borchers
Hanspeter Börlin
Hans Bossert
Alfred Bosshardt
Werner Braun
Peter Brenneisen
Oskar Brenner
Thildy Brenner
Eduard Brodbeck
Markus Bruckner
Willi Bühler
Felix Burckhardt
Franz Bürgisser
Richard Bürner
Werner Buser
Rolf Butz
Claudio Casanova
Reto Casanova
Jürg Dahler
Ruedi Dahler
Markus Danner
Emil Dätwyler
Sepp Dietrich
Fritz Dürrschnabel
Urs Eble
Werner Edelmann
Thomas Eggenschwiler
Raymond Egloff
Rudolf Elliker
Roland Emhardt
Gert Emminger
Reini Erbe
René Erbe

Roland Ernst
Alfred Falkner
Pierre Farine
Bruno M. Fasler
Max Fessler
Willi Finkbeiner
Boris Fischer
Eugen Fischer
Robert Fischer
Walter B. Fischer
Werni Flubacher
Lorenz Fluri
Dietrich Forcart
Kurt Francke
Werner Fretz
Hanspeter Frey
Markus Frey
Anna Friedrich
Philipp Fürstenberger
Urs Ganz
Adolf Gass
Kurt Gessler
Robert Gindrat
Max Glaser
Jakob Gobbi
Hans Rudolf Goepfert
Jürg Graf
Egon Grafe
Werner Grässlin
Gustav Grieder
Walter Grieder
Hansruedi Güdemann
Hans Guldenmann
Hanspeter Gutekunst
Arthur Gysin
Herbert Haas
Werner Hablützel
Louis Haegeli
Hans Hasler
Erich Hatz
Ami-Pierre Hauck
Ernst Hechler-Hunziker
Ernst Hechler-Rosenberger
Hanspeter Hediger
Hans Jakob Henn
Alfred Herzog
Hans Hochstrasser
Walter Höhn
Mix Hug
Urs Hug
Erwin Jäggi
Rolf W. Jahn
Bernard Jeanrenaud
Hans-Martin Jenny
Hansruedi Jutzi
Peter E. Kalt

Guido Kappeler
Alfred R. Keller
Charles M. Keller
Louis Keller
Werner Kim
Walter M. Kirchhofer
Thomas Klein
Margrit Kleiner
Christoph Koellreuter
Rudolf Koenig
Rudolf Kölz
Rudolf Köszegi
Lukas Kugel
Fritz Lauber
Manfred Laumann
Felix Lehr
Paul Leimbach
Erwin Leuenberger
Valentin Lötscher
Peter Lotz
Raymond Lugrin
Hans Lustenberger
Alfred Maerki
Hans Mäglin
Hansjörg Marchand
Paul Martin
Karl Meier
René Meier
Hans-Heinz Meiner
André Meury
Albert Meyer
Bernard Meyer
Rémy Meyer
Rudolf Meyer
Walter Meyer
Alfred Minder
Paul Modespacher
Robert Mollinet
Wilhelm Mollinet
Christoph Moser
Jean Moser
Peter Mosimann
Emil Müller
Felix Müller
Hans Müller
Werner Müller
Peter Mundwyler
Hans Munsch
Fred Neuburger
Thomas Nidecker
Otto Nyfeler
Ruedi Obergsell
Franz Oldani
Roland Oldani
Kurt Pauletto
Siegfried Pettermand

Karl Pfrommer
Heinz Probst
Andreas Rapp
Roland Rasi
Heinrich Rauft
Renzo Realini
Hubert Reichert
Karl Reinhardt
Peter Richter
Daniel Ritter
Koni Ritter
Willy Werner Rittmann
Charles Robischon
Alfred Roth
Edy Ryter
Alfred E. Sarasin
Lucas Sarasin
Regnault Sarasin
Gerhard Saubermann
Peter Saubermann
Otto Schächtelin
Fritz Schadt
Werner Schaub
Arthur Scheidegger
Willy Schelker
Jean Schenk
Franz Scherrer
Willy Schirach
Hans-Rudolf Schlumpf
René Schmalz
Alfons Schmid
Gerhard Schmid
Hans Schmid
Hans B. Schmid
Willy Schmid
Lucien Schmidlin
Oscar Schmutz
Daniel Schneider
Emil Schneider
Markus Schneider
Romano Schneider
Emil Schneiderhahn
Rose Schnider
Werner Schnider
Willy Schoch
Niggi Schoellkopf
Arnold Schön
Jürg Schrank
Reinhold Schreiter
Karl Schröppel
Bruno Schweighauser
Erich Schweighauser
Hansruedi Schweighauser
Walter Seeger
Josy Seiler
Amalie Sexauer

Max Siebenmann
Bodo Skrobucha
Kurt Sloksnath
Bernd Speidel
August Spindler
Brian Spindler
Alfred Spinnler
Hans Spinnler
Max Stalder
Walter Stalder
Richard Staudenmann
Vandy Stettler
Max Stingelin
Paul Stocker
Paul Stockmeier
Erwin Stoecklin
Max Stork
Alex Strahm
Walter Stricker
Ernst Stumpf
Max Sulzbachner
Charles A. Suter
Hans-Rudolf Suter
Georges Tauber
Gert Thoenen
Hansruedi Thomann
Hans F. Thommen
Peter Tondelli
Peter Trefzer
Louis Treu
Marius Trobl
Oskar Villiger
Emil Voelkle
Bernard Voellmy
Gustav Vollmer
Albert Wagner
Rudolf Wassermann
Ernst Weber
Annemarie Wehren
Karl Weiss
Markus Weisskopf
Fredy Werber
Jürg Werber
Walter Werber
Lukas Werenfels
Rolf Widmer
Urs Winkler
Karl M. Wissel
Louis Wittwer
Alfred Woerner
Leni Wolff
Beat Zeuggin
Lux Zeuggin
Beat B. Zingg
Mario Zürrer

KOMMISSIONSMITGLIEDER
1908–1983

	Präsident	Vizepräsident	Schreiber I	Schreiber II	Kassier I	Kassier II
1908/09	Emil Hug					
1909/10	Emil Hug					
1910/11	Emil Hug					
1911/12	Emil Hug		Carl S. Baumgartner		Hans A. Suter	
1912/13	Emil Hug		Carl S. Baumgartner		Hans A. Suter	
1913/14	Hans A. Suter		Ernst Plattner		Carl S. Baumgartner	
1914/15	Hans A. Suter		Ernst Plattner		Carl S. Baumgartner	
1915/16	Hans A. Suter		Ernst Plattner		Carl S. Baumgartner	
1916/17	Hans A. Suter		Ernst Plattner		Carl S. Baumgartner	
1917/18	Hans A. Suter		Ernst Plattner		Carl S. Baumgartner	
1918/19	Hans A. Suter		Ernst Plattner		Carl S. Baumgartner	
1919/20	Carl S. Baumgartner		August Matt		Carl Doswald	
1920			Carl Braig			
1920/21	Carl S. Baumgartner		Adolf Huber		Albert Strittmatter	
1921						
1921/22	Adolf Huber		Carl S. Baumgartner	Max Meury	Albert Strittmatter	
1922/23	Hans A. Suter		Carl S. Baumgartner	Daniel Jost	Carl Doswald	Georges Meyer
1923/24	Carl Doswald		Carl S. Baumgartner	Max Meury	Rudolf Heusser	Georges Meyer
1924/25	Hans A. Suter		Carl S. Baumgartner	Max Meury	Rudolf Heusser	Georges Meyer
1925/26	Carl Doswald		Carl S. Baumgartner	Max Meury	Rudolf Heusser	
1926/27	Ernst Plattner		Max Meury	Charles M. Keller	Rudolf Heusser	
1927/28	Ernst Plattner	Emil Probst	Max Meury	Charles M. Keller	Paul Graf	
1928/29	Ernst Plattner	Emil Probst	Max Meury	Charles M. Keller	Paul Graf	
1929/30	Ernst Plattner	Hans Hausmann	Max Meury	Charles M. Keller	Paul Graf	
1930/31	Ernst Plattner	Hans Hausmann	Max Meury	Charles M. Keller	Paul Graf	Rudolf Heusser
1931/32	Ernst Plattner	Hans Hausmann	Max Meury	Charles M. Keller	Paul Graf	Rudolf Heusser
1932/33	Ernst Plattner	Hans Hausmann	Max Meury	Adolf Schelker	Paul Graf	Rudolf Heusser
1933/34	Ernst Plattner	Hans Hausmann	Max Meury	Adolf Schelker	Paul Graf	Rudolf Heusser
1934	Walter Meyer					
1934/35	Ernst Plattner	Hans Hausmann	Adolf Schelker	Rudolf Brand	Max Meury	Eugen Kopp
1935/36	Ernst Plattner	Hans Hausmann	Adolf Schelker	Rudolf Brand	Max Meury	Eugen Kopp
1936/37	Ernst Plattner	Hans Hausmann	Adolf Schelker	Rudolf Brand	Max Meury	Eugen Kopp
1937/38	Ernst Plattner	Hans Hausmann	Rudolf Brand	Max Manger	Max Meury	Eugen Kopp
1938/39	Ernst Plattner	Charles M. Keller	Rudolf Brand	Max Manger	Max Meury	Eugen Kopp
1939/40	Ernst Plattner	Charles M. Keller	Rudolf Brand	Max Manger	Max Meury	Eugen Kopp
1940/41	Ernst Plattner	Charles M. Keller	Rudolf Brand	Max Manger	Max Meury	Eugen Kopp
1941/42	Ernst Plattner	Charles M. Keller	Rudolf Brand	Max Manger	Max Meury	Eugen Kopp
1942/43	Ernst Plattner	Charles M. Keller	Rudolf Brand	Max Manger	Max Meury	Eugen Kopp
1943/44	Ernst Plattner	Charles M. Keller	Rudolf Brand	Max Manger	Max Meury	Eugen Kopp
1944/45	Ernst Plattner	Charles M. Keller	Rudolf Brand	Max Manger	Max Meury	Eugen Kopp
1945/46	Ernst Plattner	Charles M. Keller	Rudolf Brand	Max Manger	Max Meury	Paul Hug
1946/47	Roby Mollinet	Max Manger	Jacques Roth	Alfred Bosshardt	Max Meury	Paul Hug
1947/48	Roby Mollinet	Max Manger	Jacques Roth	Alfred Bosshardt	Max Meury	Paul Hug
1948/49	Noldi Fischer	Max Manger	Jacques Roth	Walter Grieder	Alfred Bosshardt	Paul Hug
1949/50	Noldi Fischer	Max Manger	Willy Schelker	Walter Grieder	Alfred Bosshardt	Paul Hug
1950/51	Roger Baumann	Max Manger	Willy Schelker	Walter Grieder	Alfred Bosshardt	Paul Hug
1951/52	Roger Baumann	Max Manger	Willy Schelker	Walter Grieder	Alfred Bosshardt	Paul Hug
1952/53	Roger Baumann	Max Manger	Richard Hablützel	Walter Grieder	Alfred Bosshardt	Paul Hug
1953/54	Roger Baumann	Max Manger	Richard Hablützel	Walter Grieder	Alfred Bosshardt	Paul Hug
1954/55	Roger Baumann	Max Manger	Richard Hablützel	Walter Grieder	Alfred Bosshardt	Paul Hug
1955/56	Roger Baumann	Max Manger	Richard Hablützel	Walter Grieder	Alfred Bosshardt	Paul Hug
1956/57	Roger Baumann	Max Manger	Werner Winkler	Walter Grieder	Alfred Bosshardt	Paul Hug
1957/58	Roger Baumann	Max Manger	Werner Winkler	Fritz Grunauer	Alfred Bosshardt	Paul Hug
1958/59	Roger Baumann	Max Manger	Werner Winkler	Fritz Grunauer	Alfred Bosshardt	Paul Hug
1959/60	Roger Baumann	Max Manger	Werner Winkler		Alfred Bosshardt	Paul Hug

Materialverwalter I	Materialverwalter II	Vortruppchef	Pfeiferchef	Trommelchef	Tambourmajor	Obmann der Jungen Garde
					August Jehle	
					August Jehle	
Paul Hug	Hans Muspach				Adolf Burkhardt	
Paul Hug	Hans Muspach				Adolf Burkhardt	
Paul Hug						
Emil Hug					Carl Doswald	
Emil Hug						
Emil Hug						
Emil Hug			Carl Roth			
Emil Hug			Carl Roth		Wilhelm Hildenbrand	
Gustav Werber			Carl Roth		Wilhelm Hildenbrand	
			Albert Schwarz			
Gustav Werber			Paul Schmied	Emil Hug	Wilhelm Hildenbrand	
			Hans Türke	Hans A. Suter		
Gustav Werber			Robert Braig	Hans Buser	Wilhelm Hildenbrand	
Gustav Werber	Otto Stieber		Ernst Plattner	Hans Buser	Wilhelm Hildenbrand	
Gustav Werber	Otto Stieber			Hans A. Suter	Wilhelm Hildenbrand	
Gustav Werber	Otto Sieber		Georges Haefele	Hans A. Suter	Wilhelm Hildenbrand	
Gustav Werber	Otto Stieber		Georges Haefele	Hans A. Suter	Arthur Hasler	
Gustav Weber	Otto Stieber		Georges Haefele	Hans A. Suter	Arthur Hasler	
Otto Stieber	Franz Werber		Georges Haefele	Gustav Werber	Arthur Hasler	
Otto Stieber	Franz Werber		Georges Haefele	Gustav Werber	Arthur Hasler	
Otto Stieber	Franz Werber		Paul Tschudin	Gustav Werber	Arthur Hasler	
Otto Stieber	Franz Werber		Paul Tschudin	Gustav Werber	Arthur Hasler	
Franz Werber	Emil Geissmann		Paul Tschudin	Gustav Werber	Arthur Hasler	
Franz Werber	Emil Geissmann		Paul Tschudin	Gustav Werber	Arthur Hasler	
Franz Werber	Emil Geissmann		Paul Tschudin	Gustav Werber	Arthur Hasler	
Franz Werber	Emil Geissmann		Siegfried Pettermand	Gustav Werber	Arthur Hasler	
Franz Werber	Emil Geissmann		Siegfried Pettermand	Gustav Werber	Eduard Voellmy	
Franz Werber	Emil Geissmann		Siegfried Pettermand	Gustav Werber	Eduard Voellmy	
Franz Werber	Emil Geissmann		Siegfried Pettermand	Gustav Werber	Eduard Voellmy	
Franz Werber	Emil Geissmann		Siegfried Pettermand	Gustav Werber	Gustav Martin	
Franz Werber	Emil Geissmann		Siegfried Pettermand	Gustav Werber		
Franz Werber	Emil Geissmann		Siegfried Pettermand	Gustav Werber		
Franz Werber	Emil Geissmann		Siegfried Pettermand	Gustav Werber		
Franz Werber	Emil Geissmann		Siegfried Pettermand	Gustav Werber		
Franz Werber	Emil Geissmann		Siegfried Pettermand	Gustav Werber		
Franz Werber	Emil Geissmann		Siegfried Pettermand	Gustav Werber		
Franz Werber	Emil Geissmann		Siegfried Pettermand	Gustav Werber	Max Koelner	
Emil Geissmann	Ernst Thoma		Siegfried Pettermand	Gustav Werber	Max Koelner	
Emil Geissmann	Ernst Thoma		Siegfried Pettermand	Gustav Werber	Max Koelner	
Emil Geissmann	Ernst Thoma		Siegfried Pettermand	Mix Hug	Max Koelner	
Emil Geissmann	Ernst Thoma	Ernst Hasler	Siegfried Pettermand	Mix Hug	Max Koelner	Roger Baumann
Emil Geissmann	Ernst Thoma	Ernst Hasler	Siegfried Pettermand	Mix Hug	Max Koelner	Paul Martin
Emil Geissmann	Ernst Thoma	Ernst Hasler	Siegfried Pettermand	Mix Hug	Max Koelner	Paul Martin
Emil Geissmann	Ernst Thoma	Ernst Hasler	Siegfried Pettermand	Mix Hug	Max Koelner	Paul Martin
Emil Geissmann	Ernst Thoma	Ernst Hasler	Siegfried Pettermand	Mix Hug	Max Koelner	Paul Martin
Emil Geissmann	Ernst Thoma	Markus Danner	Siegfried Pettermand	Mix Hug	Max Koelner	Toni Bagutti
Emil Geissmann	Ernst Thoma	Markus Danner	Siegfried Pettermand	Mix Hug	Max Koelner	Toni Bagutti
Emil Geissmann	Ernst Thoma	Markus Danner	Siegfried Pettermand	Mix Hug	Max Koelner	Toni Bagutti
Emil Geissmann	Ernst Thoma	Markus Danner	Siegfried Pettermand	Mix Hug	Richard Hablützel	Toni Bagutti
Emil Geissmann	Ernst Thoma	Markus Danner	Siegfried Pettermand	Mix Hug	Richard Hablützel	Toni Bagutti
Ernst Thoma	Paul Doppmann	Markus Danner	Siegfried Pettermand	Mix Hug	Richard Hablützel	Toni Bagutti

KOMMISSIONSMITGLIEDER (1908–1983)

	Präsident	Vizepräsident	Schreiber I	Kassier I	Kassier II	Material-verwalter I	Vortruppchef
1960/61	Roger Baumann	Richard Hablützel	Werner Winkler	Alfred Bosshardt	Paul Hug	Ernst Thoma	Paul Doppmann
1961/62	Roger Baumann	Richard Hablützel	Werner Winkler	Alfred Bosshardt	Robi Bilger	Ernst Thoma	Paul Doppmann
1962/63	Roger Baumann	Richard Hablützel	Werner Winkler	Alfred Bosshardt	Robi Bilger	Freddy Glaser	Paul Doppmann
1963/64	Roger Baumann	Richard Hablützel	Werner Winkler	Alfred Bosshardt	Robi Bilger	Jürg Alt	Paul Doppmann
1964/65	Roger Baumann	Richard Hablützel	Werner Winkler	Alfred Bosshardt	Robi Bilger	Jürg Alt	Paul Doppmann
1965/66	Roger Baumann	Richard Hablützel	Werner Winkler	Peter Jascur	Robi Bilger	Jürg Alt	Paul Doppmann
1966/67	Roger Baumann	Richard Hablützel	Urs Schwald	Peter Jascur	Robi Bilger	Jürg Alt	Paul Doppmann
1967/68	Roger Baumann	Freddy Glaser	Urs Schwald	Peter Jascur	Andreas Brenner	Jürg Alt	Paul Doppmann
1968/69	Roger Baumann	Freddy Glaser	Urs Schwald	Peter Jascur	Andreas Brenner	Jürg Alt	Paul Doppmann
1969/70	Roger Baumann	Freddy Glaser	Urs Schwald	Peter Jascur	Andreas Brenner	Jürg Alt	Paul Doppmann
1970/71	Roger Baumann	Freddy Glaser	Urs Schwald	Peter Jascur	Andreas Brenner	Jürg Alt	Willy Bühler
1971/72	Roger Baumann	Freddy Glaser	Urs Schwald	Peter Jascur	Andreas Brenner	Jürg Alt	Willy Bühler
1972/73	Roger Baumann	Freddy Glaser	Urs Schwald	Peter Jascur	Andreas Brenner	Jürg Alt	Willy Bühler
1973/74	Roger Baumann	Urs Schwald	Alex Fischer	Peter Jascur	Andreas Brenner	Hans Isenegger	Willy Bühler
1974/75	Alex Fischer	Urs Schwald	Georg André Schlager	Peter Jascur	Andreas Brenner	Hans Isenegger	Willy Bühler
1975/76	Alex Fischer	Urs Schwald	Georg André Schlager	Peter Jascur	Andreas Brenner	Hans Isenegger	Willy Bühler
1976/77	Alex Fischer	Urs Schwald	Georg André Schlager	Werner Emhardt	Andreas Brenner	Victor Pensa	Willy Bühler
1977/78	Alex Fischer	Urs Schwald	Georg André Schlager	Werner Emhardt	Andreas Brenner	Victor Pensa	Willy Bühler
1978/79	Alex Fischer	Urs Schwald	Georg André Schlager	Werner Emhardt	Andreas Brenner	Victor Pensa	Willy Bühler
1979/80	Alex Fischer	Urs Schwald	Georg André Schlager	Werner Emhardt	Andreas Brenner	Victor Pensa	Willy Bühler
1980/81	Alex Fischer	Urs Schwald	Georg André Schlager	Werner Emhardt		Victor Pensa	Willy Bühler
1981/82	Alex Fischer	Urs Schwald	Georg André Schlager	Werner Emhardt		Victor Pensa	Willy Bühler
1982/83	Alex Fischer	Urs Schwald	Philip Baumann	Werner Emhardt		Victor Pensa	Willy Bühler

Pfeiferchef	Pfeifer-instruktor	Trommelchef	Tambourmajor	Chef des Geselligen	Obmann der Jungen Garde	Obmann der Sujetkommission	Chronist
Siegfried Pettermand		August Apel	Richard Hablützel	Paul Martin	Peter Pardey		
Siegfried Pettermand		August Apel	Richard Hablützel	Paul Martin	Peter Pardey		
Siegfried Pettermand		August Apel	Bernhard Voellmy	Paul Martin	Peter Pardey		
Siegfried Pettermand		August Apel	Bernhard Voellmy	Freddy Glaser	Peter Pardey		
Siegfried Pettermand		August Apel	Bernhard Voellmy	Freddy Glaser	Peter Pardey		
Siegfried Pettermand		August Apel	Bernhard Voellmy	Freddy Glaser	Peter Pardey	Toni Bagutti	
Siegfried Pettermand		August Apel	Bernhard Voellmy	Freddy Glaser	Klaus Ganz	Toni Bagutti	
Siegfried Pettermand		Toni Bagutti	Werner Winkler	Freddy Glaser	Klaus Ganz	Peter Pardey	
Urs Ganz		Toni Bagutti	Werner Winkler	Freddy Glaser	Klaus Ganz	Peter Pardey	
Urs Ganz		Toni Bagutti	Werner Winkler	Freddy Glaser	Peter Pardey	Peter Baumgartner	
Urs Ganz		Toni Bagutti	Werner Winkler	Freddy Glaser	Peter Pardey	Peter Baumgartner	
Urs Ganz		Toni Bagutti	Werner Winkler	Urs Schweizer	Peter Pardey	Peter Baumgartner	
Urs Ganz		Toni Bagutti	Werner Winkler	Urs Schweizer	Peter Pardey	Dieter Weber	
Urs Ganz		Toni Bagutti	Werner Winkler	Urs Schweizer	Peter Pardey	Dieter Weber	
Urs Ganz		Toni Bagutti	Werner Winkler	Urs Schweizer	Urs Beat Pfrommer	Dieter Weber	Peter Pardey
Urs Ganz		Toni Bagutti	Werner Winkler	Urs Schweizer	Urs Beat Pfrommer	Dieter Weber	Peter Pardey
Jörg Emhardt		Toni Bagutti	Werner Winkler	Hansjörg Stalder	Urs Beat Pfrommer	dieter Weber	Peter Pardey
Jörg Emhardt		Toni Bagutti	Freddy Glaser	Hansjörg Stalder	Urs Beat Pfrommer	Dieter Weber	Peter Pardey
Jörg Emhardt		Toni Bagutti	Freddy Glaser	Hansjörg Stalder	Urs Beat Pfrommer	Dieter Weber	Peter Pardey
Jörg Emhardt		Toni Bagutti	Freddy Glaser	Walter Schweizer	Urs Beat Pfrommer	Werner Waldhauser	Peter Pardey
Jörg Emhardt		Toni Bagutti	Freddy Glaser	Walter Schweizer	Werner Waldhauser	Theo Kim	Peter Pardey
Jörg Emhardt	Jürg Peter	Toni Bagutti	Freddy Glaser	Peter Bruckner	Werner Waldhauser	Theo Kim	Peter Pardey
Jörg Emhardt	Jürg Peter	Toni Bagutti	Freddy Glaser	Peter Bruckner	Werner Waldhauser	Theo Kim	Peter Pardey

Anmerkungen

Über die Jahre 1908–1911 liegen keine verlässlichen Angaben vor. Deshalb ist in dieser Zeit nur Emil Hug als Präsident aufgeführt.
Die Mandatsinhaber sind nur dann erwähnt, wenn sie gleichzeitig Einsitz in der Kommission hatten. Eine Ausnahme bilden die Tambourmajore, die der Vollständigkeit wegen in jedem Fall aufgelistet sind. Gar nicht berücksichtigt ist die Vielzahl verschiedener Beisitzer; diese Mandate sind anfangs der Fünfziger-Jahre abgeschafft worden.

Die Olympia dankt ganz herzlich

— Dieter Moor, der die Chronik der Olympia
  niedergeschrieben hat;
— den Reminiszenzen-Autoren Max Afflerbach, Blasius
  (Felix Burckhardt), Fille Lehr, Siegi Pettermand, Jürg
  Schrank und Sulzbi (Max Sulzbachner), die dieses Buch
  durch ihre Beiträge bereichert haben;
— der Birkhäuser AG für die Drucklegung;
— Werner Edelmann für die Fotolithos;
— Albert Gomm für die Gestaltung;
— Dieter Kusmierz für sämtliche Farbfotos und die
  zahlreichen Schwarzweiss-Aufnahmen;
— Sulzbi (Max Sulzbachner) für die Illustrationen;
— allen Freunden der Olympia sowie den ehemaligen
  und aktiven Mitgliedern, die mit ihrem Engagement
  die Herausgabe dieses Werkes ermöglicht haben.

Das Bildmaterial stammt von

Atelier Eidenbenz (61 unten, 63 unten links und rechts)
Peter Baumann
Cuno Hadorn (84)
Historisches Museum Basel, Marcel Babey (116)
Hoffmann Foto Kino AG (8 oben und unten,
64 unten links und rechts, 82 unten rechts,
93 oben links und rechts)
Hans Isenegger
Heidi und Max Itin
Foto Jeck Basel (76 oben und unten)
René Kontic
Dieter Kusmierz
Foto Scheidegger Basel (97 unten)
Romano Schneider
Olympia Fotoarchiv

Redaktionskommission

Roger Baumann
Werner Edelmann
Chari Einsele
Alex Fischer
Freddy Glaser
Theo Kim
Dieter Moor
Peter Pardey